세상의 놀이터

ALL THE WORLD IS YOUR EXCITING PLAYGROUND

세상의 놀이터

글 정보금·박지원
사진 박성현

이담 Books

'세상의 놀이터'를 엮으며

회색도시에서 아스팔트 바닥과 매연,
인터넷과 게임, 과제와 시험에 익숙한 너에게
걸으며, 땀을 흘리며, 멀미하며, 불편하며, 갈증을 느끼며,
낯설어하며, 기다리며, 참으며, 고생하는 순간순간들을 선물하려 한다.

마음이 사막처럼 메말라 갈 때
이 작은 한 권의 여행집이 너에게 샘물이 되어
네 마음속에 늘 시원하고 고운 강물이 흐르길 기도한다.

눈 감으면 그려지니?
그토록 많은 거리와 배경 위에
엄마, 아빠 그리고 지원이가 아직도 즐겁게 걷고 있구나.

지원이가 고학년이 되기 전, 다소 시간적 여유가 있을 때 가 보자는 생각에 유럽으로 여행지를 결정했다. 너에게 보여 주고 싶은 것들이 많아 기대도 많이 했지만, 한편으로는 다소 강행군일 여행을 잘 견뎌줄까 하는 걱정도 앞섰다. 나라별 책들을 읽고 마인드맵 하던 시간들은 너만의 즐거운 여행 준비였을 것이다. 그렇게 시작한 여행, 파리에서부터 시작하여 하루, 이틀이 지나 다시 런던, 베네치아, 피렌체, 피사, 친퀘테레를 거쳐 로마에 이르기까지. 시간이 흐를수록 여행자의 걸음걸이에 익숙해졌고 보름의 일정이 아쉽기만 했다.

고단한 여행 중에도 매일 밤마다 하루 동안 모았던 입장권, 티켓, 명함 등을 스크랩하며 정성껏 적은 너의 일기장을 제본하니 근사한 기행문이 되었다. 그 모습이 대견했고, 네가 못다 한 기록을 선물처럼 남겨 주자는 생각으로 우리만의 여행집을 만들기로 하였다. 여행에서 돌아온 지 한참 되었지만, 엄마 아빠는 유럽의 골목을 누비고 거리를 다시 걸으며 추억을 더듬기 시작했다.

지원아, 언제라도 즐겁게 놀고, 놀다 멈춰 돌아보면 그 시간들이 고스란히 추억이 되는 이 세상이 너에게 놀이터였으면 좋겠다. 이번 여행이 '신났던 유럽의 놀이터'로 기억되어 추억을 들춰보고 싶어질 때마다 책장에서 이 기행문을 뽑아 읽으며 미소하는 지원이의 모습을 그려본다.

자, 보름여 간의 유럽 여행을 다시 한 번 떠나 보자!
신나고 즐거웠던 세상의 놀이터로…

'세상의 놀이터'
출간을 축하하며

와, 이렇게 아름다운 나들이가 있었네요.

아빠와 엄마와 지원이라는 이름의 잘생긴 초등학교 학생. 이 세 사람의 단출한 가족이 함께한 보름간의 흥미진진하고 눈부신 유럽 여행기. 아빠도 이 여행의 이야기를 쓰고, 엄마도 쓰고, 거기다가 초등학생 지원이까지 함께 어울려 온 가족이 자신들의 여행 이야기를 썼네요. 거기에 책장을 넘길 때마다 숨 쉬며 살아있는 듯한 아름다운 사진이 여기저기 넘쳐나게 많아서 세 사람의 여행기를 환상적인 색상으로 조명해 주네요.

감성적인 관찰과 따뜻한 묘사가 책 전체를 덮으면서 화음이 너무 좋은 노래같이 가없는 즐거움을 우리에게 전해 주네요. 아름답고 기억에 남는 여행이란 여행을 한 장소의 화려함보다 결국 여행한 사람들의 감동의 숨소리, 말소리, 웃음소리가 여행의 맛과 빛과 의미를 보여 준다는 것을 이 책은 조용히 말해주고 있네요.

유명한 문인도 아닌 이 가족의 글들은 진심이 반사되어서인지 범상치 않은 표현이 읽는 이를 놀라게 하는 재미도 선물해 줍니다. 예를 들어 '스테인드 글라스의 빛이 보석보다 더 아름다운 것은 그것이 태양의 힘을 뿜어내고 있기 때문'이라느니 '두오모라고 불리는 성당이 있는 광장에 들어서니 그간 골목 깊숙이까지 내리지 못했던 햇살들이 모두 여기에 모여 있는 듯 갑자기 눈부시게 환했다'는 말. 정말 보석같이 빛나는 문장이네요. 그 사이에서 초등학생 지원이의 꾸미지 않은 진솔한 느낌, 특히나 대영 박물관에서의 거리낌 없는 관찰은 어른들을 숙연하게까지 합니다.

그렇게 해서 이 책의 곳곳에서 보이는 한 가족의 사랑 가득한 대화와 이해는 여행을 통한 가족 간의 소통과 사랑의 진정성을 느끼게 해 주었고 읽는 이의 마음을 따뜻하게 어루만져 주었습니다. 헌데 왜일까요. 재미있고 흥미진진한 이 책을 끝내가면서 나는 이탈리아 사람들이 젤라토라고 부르는 아이스크림이 그렇게도 먹고 싶었습니다. 이분들같이 달콤한 사랑과 존경 속에서 감사하는 사람이 되고 싶었습니다.

시인 마 종 기

CONTENTS

ALL THE WORLD IS YOUR EXCITING PLAYGROUND

#01 차가운 도시, 파리 – 010

#02 진정한 박물관 그리고 진정한 제국주의, 런던 – 050

#03 마음까지 넘실대던, 베네치아 – 098

#04 햇살, 노을, 바람의 도시, 피렌체 – 140

#05 다섯 개의 보석, 피사&친퀘테레 – 184

#06 고대의 숨결을 간직한 거리, 로마&바티칸 – 212

#01

PARIS

All the world is your exciting playground

차가운 도시, 파리

익숙한, 그러나 낯선 지하철

거대한 루브르 박물관

잠들고픈 오랑주리 미술관

젊음의 몽마르트르 언덕

매력을 잃은 테르트르 광장

지원이가 사랑한 중국요리집

태양의 색을 품은 노트르담 대성당

애틋한 삶, 김현주 선생님

사이요 궁에서의 환희, 에펠탑

파리를 벗어나며 만난 풍경, 유로스타

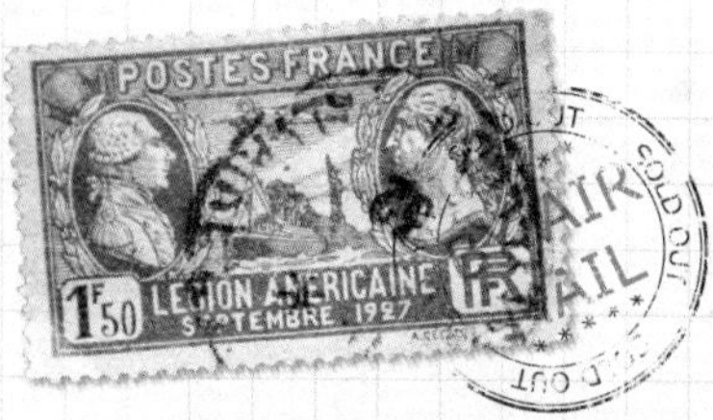

다시 찾은 파리

아빠에게 있어 파리란 매우 특별한 곳이란다.

예술과 문학에 심한 갈증을 느꼈던 20대 중반,

트렌치코트에 작은 가방 하나 둘러메고 찾은 곳이 파리였단다.

갤러리에 가득한 거장 화가들의 그림이 탐나서,

거리에 가득한 대문호들의 이야깃거리를 더듬어 보고 싶어서,

걷고, 걷고 또 걸으며 열흘 남짓을 보낸 후

아빠는 파리의 매력에 푹 빠져들고야 말았다.

그 후 아빠는 파리 편력이 생겨 다섯 번의 파리행이 이어졌고,

마침내 엄마와 함께한 신혼여행지 중에도 역시 파리가 포함되었다.

이렇게 셈해 보니 이번 파리행이 일곱 번째인 셈이다.

십여 년 만에 찾은 파리를 걸으며 또다시 올 수 있을까를 먼저 생각했다.

그때쯤이면 우리 가족들의 모습도 참 많이 달라져 있을 테지….

애틋한 파리지앵, 김현주 선생님

파리에는 생각만 해도 그립고 가슴 따뜻해지는 분이 있다.
지원이는 할아버지라고 불렀었지. 도시가 작아서였을까? 헤어진 지 십여 년의 세월이 너무도 길어 가까워지려 해서였을까? 엄마가 정한 파리 숙소가 우연히도 할아버지의 주소지와 산책할 거리만큼 가까웠더구나.

서울의 후덥지근한 날씨에 온몸이 지치고 익숙해져서인지 초가을 같았던 파리의 날씨에도 옷깃을 여미고 소름 돋아했었다. 할아버지와의 만남은 그 생경함을 따뜻하게 풀어 줄 뜨거운 모닝커피 같았지. 사람을 좋아하고 함께 어울리는 것을 기대하는 너도 그랬었니? 호텔 레스토랑에서 만나기로 한 날 아침, 마치 그 만남이 파리에 온 목적이었던 것처럼 우리는 분주한 모습이었단다.

할아버지는 엄마 아빠 결혼의 일등공신이셨고, 만남과 결혼 과정을 내내 지켜보셨다. 지원이가 태어나기 전에 한국 방문 시 우리의 신혼집에도 오셨더랬다. 지원이와의 만남은 그래서 그분에게도 특별함이었을 것이다. 아끼고 아껴 정성으로 모으신 용돈을 네 품에 쑥 밀어 넣으시고는 무엇이 불편하고 바쁜 사람처럼 금세 일어나셨지. 한국 사람은 따뜻한 국물을 먹어야 한다며 저녁 초대를 기약하고 말이다. 하지만 그 발그레하고 희끗한 모습에서 들뜬 마음을 읽을 수 있었단다.

엄마는 장판 밑에 꼭꼭 모아 두었던 쌈짓돈을 받은 느낌이었다. 그래서 시차적응으로 피곤했던 몸이 너무 나른해져 저녁 초대 자리에서 꾸벅꾸벅 졸고 있는 지원이를 안고 먼저 일어서야 했던 것이 못내 마음에 걸렸다. 늦게 돌아온 아빠에게서 할아버지, 할머니와 나눈 이야기들을 전해 들었을 때 기다림으로 준비한 음식들을 맛보지도 않고 식어버리게 만든 것처럼 그 자리를 이겨내지 못하고 돌아섰던 것이 안타깝고 미안했다. 아이가 없는 집에서 지원이에게 전해 주라며 아빠 손에 들려 보낸 호랑이 베개를 받고 더욱 그랬구나.

따스한 마음은 시간이 지날수록 온기를 더하고 다시금 느껴지는 정은 떠올릴수록 애잔해진다. 다음에 지원이가 파리를 찾을 때 할아버지가 여전히 건강하게 계셔서 맞아주시면 좋겠다. 그러면 포옥 안아 드리자.

오랑주리 미술관
Musee de l'Orangerie

잠들고픈 오랑주리 미술관

좀처럼 기운이 나지 않았다. 따뜻한 커피 한 잔으로 아침을 시작했으나 도시의 싸늘함을 견디게 해 줄 어떤 기별도 주지 못했고, 익숙해서 새삼스러울 것 없는 파리 지하철이 유난히도 싫었다. 그늘이 이어지면 햇살 드는 한 켠을 찾아다니고 본격적인 여행의 첫날임에도 우리 셋은 점점 말수가 줄어들었다.

오랑주리 미술관으로 어서 가고 싶었다. 누구보다 엄마가 그랬다. 물론 모네의 수련 연작이 보고 싶어서 미리 계획했던 곳이었지만, 유난히 움츠림이 심했던 엄마는 오랑주리 미술관에 들어서면 온몸의 긴장이 풀어질 것 같았기 때문이다.

발길보다 빠른 마음이 오랑주리 미술관에 닿았다.

자연 채광으로 온실 속에 들어선 듯 따스하고 포근한 그곳에서 빛의 기울기에 따라, 바라보는 각도에 따라 일렁거리는 '수련' 연작을 만나게 되었다.

오랑주리 미술관은 화가들을 후원하며 더불어 그림을 수집하던 한 건축가가 식물원을 개조하여 수집한 작품들을 전시하고 있는 곳이다. 보통 루브르와 오르세에 비해 많은 인기를 얻지 못하지만 모네의 수련 연작을 볼 수 있는 곳으로 유명하다. 사실 아빠도 가 봐야지 하면서도 일부러 가지 못했는데 지원이와 엄마가 수련을 꼭 보러 가자 하는 바람에 어마어마한 모네의 작품에 매료될 수 있는 행운을 안은 것 같다.

눈에 들여오다.

가슴에 들여오다.

그러고도 품을 수 없었던 걸까.

가늠할 수 없는 화폭 가득 고스란히 담아 온

자연의 빛무리가 아직도 반짝이고 있다.

어쩌면 그 햇살이 흩어져 일어나

한낮의 나른한 잠을 불러올지도 모른다.

오랑주리 미술관
Musee de l'Orangerie

루브르에서 만남

루브르에서 만난 가장 반가운 물건은 한국어 오디오 가이드였다. 없는 것보다는 도움이 되겠지 하는 심정이었는데 지루하거나 장황하지 않고 재미있어 잡념 없이 관람을 마칠 수 있게 도와 준 일등공신이었다.

루브르 박물관
Le musee du Louvre

Jiwon's Note
루브르 박물관 Le musee du Louvre

1901년에 발견된 바빌론의 함무라비 법전이다. 함무라비 왕이 자기를 따르라고 쓴 것이다. 함무라비가 법을 모두 한 돌에 적은 것이다.
그중에는 〈자기를 길러 준 어머니와 아버지께 "당신은 내 어머니와 아버지가 아닙니다."라고 하면 혀를 자른다〉, 〈이에는 이, 눈에는 눈〉이라는 내용이 있다. 함무라비 왕은 강하고 정말 무서운 것 같다.

〈비너스〉는 고대 그리스의 최고의 작품 중 하나다. 아프로디테 신전 근방에서 밭을 갈던 한 농부에 의해 발견되었는데 마침 이 섬에 정박 중이던 프랑스 해군이 이것을 입수하여 루이 18세에게 헌납되었다는 조각품이다.
비너스는 팔이 없고, 다리를 보면 왼쪽 다리가 좀 더 길다. 비너스가 멋있다.

햇살 드는 자리에 조용히 찾아 들어가 너만의 인상을 쓰고 있던 모습을 본 순간 참 예뻤단다. 어쩔 수 없는 부모여서 지원아, 미안해. 미안해.

오랑주리 미술관을 나와 센 강을 바라보며

몽마르트르 언덕, 사크레쾨르 성당
Montmartre

바보 같은 부모의 질문

몽마르트르 언덕
Montmartre

엄마, 아빠 중 누가 더 좋아?

몽마르트르 언덕길을 오르며
Montmartre

CREP
LE TIRE - BO

태양의 색을 품은 노트르담 대성당

파리에서의 셋째 날.
움츠러든 기운을 어서 회복해야겠다는 생각이 강하게 드는 날이었다. 지원이에게 긴 팔 옷을 두 개나 입히고, 잠옷으로 가져 온 바지를 속에 입히고 나니 마음이 놓였다. 마음 따라 기분도 한결 나아져 햇살마저 따스해진 것 같았고 걸음도 조금씩 가벼워졌다.

그날의 첫 행선지는 나폴레옹 대관식을 한 곳으로 유명한 노트르담 대성당이었다. 이른 아침부터 관광객들로 장사진을 이루었다. 성당 입구의 성상들이 먼저 눈에 띄었는데 마치 금방이라도 살아서 튀어나올 듯 그 기이한 모습과 섬세함에 놀라 감탄을 했었다.
엄마가 "우와!" 하면 지원이도 똑같이 탄성을 내고, "엄마, 저기 좀 봐, 신기하지?" 하며 함께 감흥해 보려 노력하는 것 같았다. 그 모습이 귀엽기도, 재밌기도 해서 웃어 보이면 너는 "아, 왜?" 하며 머쓱해져서 미소를 짓곤 했다.

샤르트르 노트르담 대성당
Cathédrale Notre-Dame de Paris

마음 따라
걸음도, 목소리도, 햇살마저도
우리와 같이 수다스러워지고 있었지.

주변을 서성이지도 기웃대지도 않고 호기심을 마음껏 표현해도 괜찮은 너는 순수한 어린아이이다. 사진기에 화가의 모습까지 훔치듯 담으면서 기실 이젤 위의 화판 너머 풍경이 보고 싶었던 게지.

샤르트르 노트르담 대성당
Cathédrale Notre-Dame de Paris

노트르담 성당 안으로 들어서자 종교의 빛이 확연히 드러나는 듯했다. 웅장함을 한껏 고조시키는 높은 천장 구석구석에 하늘의 소리를 심어 놓으려는 듯 장엄한 파이프오르간 소리가 울려 퍼지고 있었다.

그 소리는 붉고 그윽한 조명과 더불어 몸의 기운을 잔뜩 긴장시키는 힘을 느끼게 했고 조용히 관람객들의 무리를 따르게 했다. 어떤 종교를 믿든 종교 색의 구분 없이 그 공간만이 가지는 경건함이 짙게 배 있다는 것을 다시금 깨닫게 하는 시간이었다.

스테인드글라스의 화려함과 눈부신 빛이 여느 보석보다 더 아름다운 것은 그것이 태양의 힘을 뿜어내고 있기 때문이라 생각된다. 스테인드글라스를 통한 신비감과 경이로움을 조장하여 신도들의 신앙심을 더욱 고조시켜 갈 수 있었던 것도 그 때문이지 않았을까? 거대한 창을 통해서 들어오는 빛의 효과가 성당 안에 머물던 그 순간만큼은 그 세계에 매몰되어 버리는 듯했다.

샤르트르 노트르담 대성당
Cathédrale Notre-Dame de Paris

샤르트르 노트르담 대성당
Cathédrale Notre-Dame de Paris

가톨릭 신자들은 촛불기도를 하며 지향을 한다고 한다.
촛불이 다 타서 없어질 때까지 그 기도의 바람은 계속된다고 한다.
지원이는 어떤 기도를 했을까?

오르세 미술관
Orsay Museum

지원이의 배려로 갈 수 있었던 오르세 미술관

연이은 박물관, 미술관 관람이 힘들 것 같아서 오르세 미술관은 후일을 기약하자고 했다. 몇 번의 파리 여행이 있었지만 엄마가 아직 오르세 미술관을 가 보지 못했다는 것을 알고 지원이가 오히려 입장을 재촉한다. 가끔 그렇게 상대가 너로 인해 무엇인가를 포기해야 한다는 생각이 들면, 너의 욕심이나 수고로움을 잊고 상대의 의견에 맞춰 주려고 하는 모습을 발견할 때가 있다. 제 표현이나 주장을 수줍어하는 지원이어서 "네가 원하는 것을 하면 돼"라고 주문하지만, 때론 배려처럼 느껴지는 이런 모습을 바라보는 순간도 참 흐뭇하다.

샤르트르 노트르담 대성당
Cathédrale Notre-Dame de Paris

오르세 미술관에서 한국인 유학생이 그의 친구와 함께 그림 그리는 장면을 유심히 지켜보는 지원이. 이미테이션 석고상이나 프린팅된 그림이 아닌 실제 예술 작품을 모델 삼아 이렇게 자유롭게 스케치할 수 있는 특권을 누린 파리 미학도의 모습이 참 인상적이었다.
엄마가 오르세를 모두 돌아보고 오기까지 그 형 곁에서 조용히 보고 있던 지원이는 무슨 생각을 했을까?

책이나 사진으로 접하는 세계가 아닌, 우리가 관심있고 사랑하는 것을 직접 찾아가 보고 느끼고 함께 시간을 보낼 수 있다는 것은 큰 기쁨이다. 지원이의 현장 일기도 그 생생함과 즐거움의 기록일 것이다.

파리 에펠탑
Eiffel Tower

에투알 개선문
Arc de Triomphe de l'Étoile

사이요 궁
Palais de Chaillot

사이요 궁에서의 환희, 에펠탑

에펠탑이 가장 아름답게 보인다는 사이요 궁에 올라섰을 때
우리 셋은 똑같이 탄성을 질렀다.
산 정상에 오른 느낌과 같이 어디 하나 걸릴 것 없이
시야를 열어 주던 광경은 실로 기대치 못한 선물과 같았다.
수많은 사람들이 한곳을 바라보던 그곳에 분수를 가르며 무지개가 출현했다.
그날의 공기, 햇살, 바람 모든 것이 아름다웠노라고 알려주려는 듯….

#02
LONDON

All the world is your exciting playground

좁은 숙소, 높은 물가 드디어 런던

진정한 박물관 그리고 진정한 제국주의, 대영 박물관

통통 튀어 오르는 럭비공같이 신나던, 그린 파크

꿈틀꿈틀 호기심 백 배 충족, 자연사 박물관

빨간 옷, 털모자를 보여 줘, 버킹엄 근위병 교대식

거리의 퍼포먼스, 코벤트 가든

중세의 모습이 재현될 것 같았던, 런던 탑

눈으로만 만족했던, 런던 아이

공사로 아쉬웠던, 웨스트민스터 사원

동화 속으로, 런던 브리지

지원이의 자신만만 외침, 빅벤

파리를 벗어나 런던으로

파리에서 유로스타를 타고 불과 두 시간 남짓 만에 런던에 도착하였다. 해저터널의 암흑을 끼고 도버 해협을 건너는 것은 장시간의 기차여행보다도 더 지루했다. 프랑스에서 영국으로 넘어왔다는 것을 실감하게 하는 것은 단지 다시 빛이 들기 시작했다는 것뿐 아무런 감흥이 없었다.

유럽연합이면서도 자국의 화폐, 즉 파운드를 고집하는 나라인 덕분에 파운드화를 일부러 챙겨야 하는 것은 번거로운 일이었다. 아직도 대국이라는 우월의식, 자국 화폐를 끝까지 고수하려는 의지 등이 과감하기도, 혹은 고집스럽게도 생각되는 나라였다.

축구를 좋아하는 지원이에게는 꿈의 프리미어리그가 펼쳐지는 무대이기도 하다. 우리가 런던을 여행하던 중 칼링컵 3라운드 경기에서 맨체스터 유나이티드의 박지성 선수가 1골 2도움, 3개의 공격 포인트를 기록하였다고 각종 신문의 이슈거리가 되어 지원이의 흥분은 더 컸었다. 한국에서 왔다고 하면 박지성을 먼저 외쳐대는 현지인들을 곳곳에서 만날 수 있었으니 런던이라는 도시가 새삼스럽지 않았다.

[Jiwon's Note]

오늘은 아침 일찍 일어나서 프랑스에서 유로스타를 타고 영국으로 도버 해협을 거치고 갔다. 난 바다 터널에 물고기, 해초 이런 동식물들이 있을 줄 알았는데 기대한 것보다 깜깜해서 실망하고 말았다.

진정한 박물관 그리고 진정한 제국주의, 대영 박물관

대영 박물관과 자연사 박물관을 꼭 다녀오고 싶었다. 책을 통해 익힌 세계사를 좀 더 재미있게 접근할 수 있는 기회가 될 거란 기대도 있었지만 엄마의 희망 방문지이기도 했다.

박물관 입구가 보인다 싶을 즈음 우리의 눈길을 확 끄는 것이 있었다. 그 이름도 붉고 맛있는 '떡볶이'. 누가 먼저랄 것도 없이 그 가게 앞에 나란히 서서 한국 음식 메뉴들을 참 맛나게 읊어 보았다. 그러고는 낄낄대고 좋아했다. 이미 먹은 것마냥 흐뭇해져서 말이다. 그러나 우린 경쾌하게 돌아섰다. 여행자 아니겠어! 대신 박물관 입구에서 파는 핫도그를 물어뜯었다. 아닌 게 아니라 지글지글 대는 소시지의 소리와 숯불 향을 그냥 지나칠 수 없었다.

대영 박물관
The British Museum

그리스 신전풍의 대영 박물관으로 올라와 44개의 이오니아 기둥에 서고 보니 감회가 새로웠다. 유로스타를 타고 런던으로 건너와 숙소를 거쳐 박물관까지 지체 없이 왔던 시간들에 숨고르기를 하며, '이제야 영국에 왔구나!' 실감하는 순간이었다.

한국어 오디오 가이드와 박물관 안내도를 받아 들고 천천히 발을 들인다. 박물관을 둘러보는 내내 진정 제국주의의 면모를 가진 곳임을 실감하고 혀를 내두르게 된다. 독특하기 이를 데 없는 고대의 문화재를 보면서 그 나라의 역사에 대한 궁금증이 생길 만큼 흥미로웠지만, 식민시대를 역사로 지닌 우리이니 만큼 약탈의 현장이 달갑지만은 않았다. 세계 곳곳에서 총성 없는 싸움이 이어지고 있다고 한다. 그 싸움이 무엇을 의미하는 것인지 안타깝게 느껴졌다. 그리고 지원이가 좀 더 커서 제 의지로 이곳을 다시 찾아오길 바랐다. 김구 기념관을 처음 방문하던 날, 적어도 2년마다 찾아서 아이의 성장만큼 역사 인식도 성장하게 하리라던 다짐이 일었던 것처럼 '세계사는 바로 전쟁의 역사라고 절감하게 되는 현장이 이런 곳 아닌가!'라는 생각이 들었기 때문이다.

Jiwon's Note

대영 박물관 The British Museum

[이스터 섬의 모아이 석상]

세계 7대 불가사의 중 하나이다. 이것은 한 섬에 엄청나게 많은 종류로 널려 있다. 그리고 이것을 발견한 사람들은 이 석상을 '숨겨진 친구'라고 불렀다.

[셀레네의 말머리 상]

이것은 달의 여신 셀레네의 전차를 끄는 말 중의 하나다. 이 말의 여행은 시작하는 것이 아니라 끝나가고 있는 것이다.

지금 지쳐 있다.

[프타셉세스의 가짜문]

감쪽같고 신기했다. 이것은 문 같은데 일반 돌이었던 거다! 게다가 문에 입구가 선명한데 정말 신기하다. 상형문자가 새겨진 것을 따라 그렸다.

파리, 런던 박물관을 돌면서 가장 인상 깊었던 아시리아관이다. 사실적으로 묘사된 부조들은 호흡이 느껴질 만큼 생생했고 엄격하고 강인한 인상을 지닌 왕을 중심으로 극화되어 있었다.

대영 박물관
The British Museum

아시리아관에서 가장 깊이 매료되었던 부조는 〈아슈르나시르팔의 사자 사냥〉, 〈상처 입은 사자〉였다. 그들은 왕의 권위 유지를 위해 사자 사냥이라는 행사를 시행했다고 한다. 맹수의 왕 사자가 피를 토하는 절박성과 달리, 어디 한 곳 흔들림 없이 무표정한 채 한 손으로 사자의 목을 움켜쥐고 잡았던 모습을 통해 무소불위의 왕의 권력을 세상에 알리고 싶었나 보다.

제왕들의 오벨리스크에는 왕에 대한 두려움을 부르는 내용들이 가득했다고 한다.
짐은 강인하고… 전쟁에서는 앞장서 달리는 온 천하의 왕이며…
무릎 꿇지 않는 적들을 짓밟고 온 세상을 손아귀에 넣었노라.
나는 들판을 피로 물들이는 무시무시한 태풍이로다.

당시 사람들에게 두려움과 공포감이 들기에 충분하도록 왕조의 잔학성을 선전하는 내용을 담고 있는 공간이었지만 믿을 수 없을 만큼 인상적이었고 그것을 그려내고 완성한 아시리아 왕조 예술가들의 감성에 경외심이 느껴지는 시간이었다.

대영 박물관
The British Museum

[Jiwon's Note]

대영박물관이 좋은 이유는 영국이 다른 나라에서 유물들을 안 가져 왔으면 우린 유물들을 못 봤을 것이기 때문이다. 나쁜 점은 다른 나라의 유물들을 빼앗았다는 것이다. 그것도 많고 큰 것을 말이다. 그 것 좀 화가 난다.

방대한 유물을 선별해서 보는 것도 쉬운 일은 아니었다. 다리가 아프고 피곤하기도 하련만, 간간이 바닥에 앉아 쉬는 동안에도 지원이는 진지하게 듣고 메모장에 무언가를 열심히 적고 있다. 여행에서 돌아와 그 모습들을 사진으로 보니 먼 여행길이 새삼 보람되게 느껴진다.

Jiwon's Note

대영 박물관 The British Museum

실제 '미라'를 보니 정말 판타스틱하고 좀 무섭기도 하다. 하지만 화도 조금 난다. 왜냐하면 이집트 사람들의 미라를 빼앗았기 때문이다. 그리고 말, 고양이, 쥐까지 미라로 만들 수 있다는 걸 알았다.

〈로제타석〉은 정말 진짜이고 실제로 봤기 때문에 더욱 멋있다. 이것 때문에 상형문자를 해독할 수 있었다. 나폴레옹이 이집트와 전쟁을 해서 로제타에서 발견하였고, 거기에 돌 석 자를 붙여 로제타석이 된 거다.

그린 파크에서 이 아이들을 발견한 순간,
사라지듯 달려가 어느새 긴 털을 쓰다듬고 있다.
강아지 한 마리 기르고 싶다고 늘 바라고 바라지.
동생이 생기는 것은 싫지만 홀로 자라는 것이
허전해서일까?

그린 파크
Green Park

통통 튀어 오르는 럭비공같이 신나던, 그린 파크

버킹엄 궁전 근위병 교대식을 보기 위해 지나는 길에 그린 파크에 들렀다. 여의도 공원을 정원처럼 둔 집에 살고 있지만 잘 닦인 자전거도로나 산책로가 아닌 푸른 잔디 위에서 맘껏 공을 차고 몸집만 한 애견과 함께 뛰어놀 수 있다는 것은 전혀 다른 생동감을 일으킨다. 그것을 지원이가 먼저 느끼고 신이 나서 마냥 뛰어다닌다.

버킹엄 궁전 근위병 교대식
Buckingham Palace

자연사 박물관
Natural History Museum

〈생명진화관〉으로 들어서기 전 찰스 다윈 동상 앞에서
기념으로 한 장!

처음에 그토록 단순했던 것에서 가장 아름답고 가장 경이로운 무수한 형상들이 진화해 왔고 지금도 진화하고 있다는 이런 생명관에는 장엄함이 있다.
-찰스 다윈 『종의 기원』 중-

꿈틀꿈틀 호기심 백 배 충족, 자연사 박물관

지구의 역사 및 생명의 역사를 비전공자들이 볼 수 있도록 완벽하게 다듬어서 깔끔하게 전시해 두었다. 그런데 이 모든 시설이 무료이며 원한다면 언제라도 와서 계속 확인하고 체험하고 공부할 수 있다니 아이를 둔 부모로서 부럽기 그지없었다. 여기가 자연사 박물관임을 실감할 수 있게 기둥 하나하나에 새겨진 익살스러운 동물 조각들까지 어느 것 하나 놓치지 않는 세심함을 보며, 영국이란 나라의 내공이 어떤 것인지 조금이나마 짐작할 수 있었다.

지원이가 자연사 박물관에서 공룡관에 이어 두 번째로 가고 싶어 했고, 결국엔 공룡관보다 더 열광했던 곳이 광물관이었다. 처음 서대문자연사박물관을 방문했을 때 신비한 빛을 띠는 광물들에 마음을 뺏긴 후, 길을 가다가도 특이한 돌들을 주워 주머니에 넣고 들어오곤 했었다.

"아빠, 아빠! 이리 와서 좀 보세요!"
한껏 들뜬 목소리로 얼마나 불러대는지, 지쳐 쉬고 있던 시큰둥한 아빠는 조용한 박물관에 퍼지는 네 소리가 무안해 기어이 일어나고야 말았다. "이름 적어 갈래!" 영어로 된 이름을 기록하는 속도가 느려 지켜보던 엄마가 대신 해 주었지만, 그것도 마땅치 않아 사진을 찍어 주었다. 하지만 엄청난 수를 자랑하는 광물관을 십 분의 일도 채 보기 전에 그 많은 광물을 다 찍겠다고 덤벼들까 봐 은근히 두려웠다.

자연사 박물관
Natural History Museum

Jiwon's Note
자연사 박물관 Natural History Museum

내가 가장 기대했고 엄마가 가장 감탄했던 곳, 자연사 박물관에 갔다.

처음으로 간 곳은 〈공룡관〉이다. 공룡관은 시작부터 웅장했다. 특히 뼈, 공룡알들이 멋있었고 T-rex의 무서운 정도를 직접 체험해 봤다. 갑자기 영화 〈박물관이 살아 있다〉가 생각난다.

다음은 내가 가장 좋아했던 〈광물관〉이다. 엄청나게 빛나고, 이것을 어디에서 구했는지, 용도가 어떤 것인지를 알았다. 그리고 광물의 쓰임새는 불, 블록, 풀까지 많은 것을 만들 수 있다는 걸 알았다.

꿈이 하나 더 생겼다. 바로 광물을 지키는 사람이다. 광물학자인가? 정말 빛나는 하루였다.

UCiB
96

자연사 박물관
Natural History Museum

과학 박물관
Science Museum

Dreams of Flight

실물 중심의 발달사 전시 공간이라 초기 비행의 전 모델부터 라이트 형제의 비행기를 거쳐 지금의 제트기까지….

17세기 프랑스의 몽골피에르 형제가 열기구로 하늘을 날아 본 이래 수없이 많은 사람들이 새처럼 자유롭게 하늘 위를 나는 꿈을 꾸었다지. 그 꿈을 실현하기 위해 노력한 결과물들을 한눈에 볼 수 있는 공간이었다. 아마도 인류가 실현하고자 노력한 수많은 꿈 중 가장 위대한 꿈이 아니었을까?

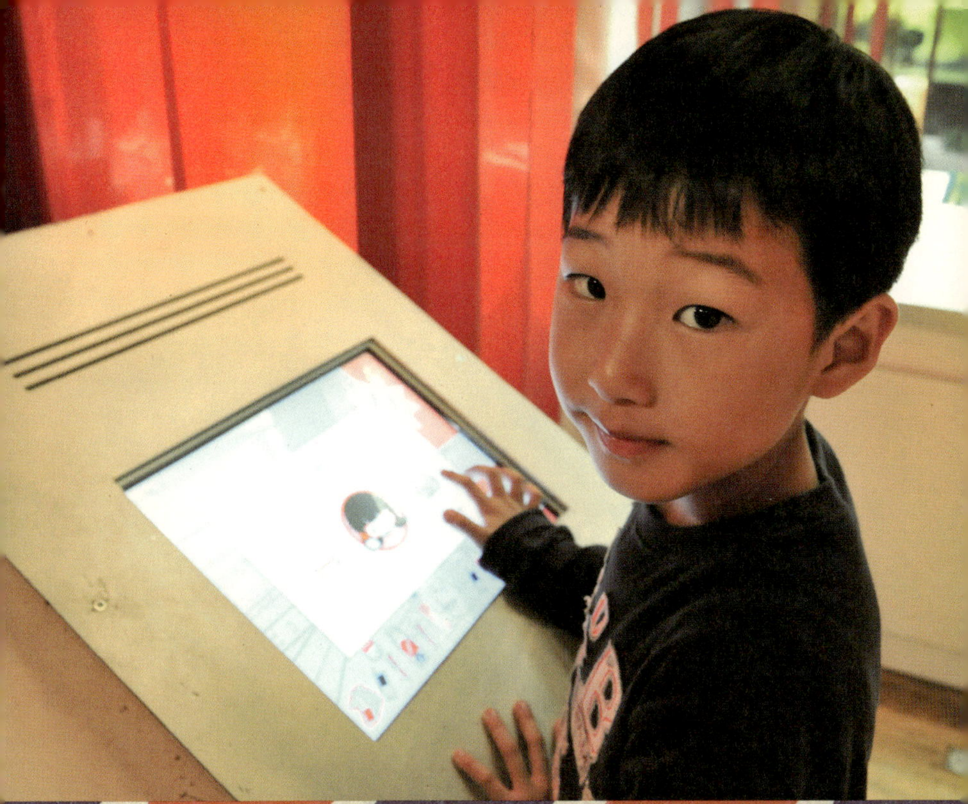

과학 박물관
Science Museum

코벤트 가든
Covent Garden

[Jiwon's Note]

코벤트 가든에 가서 거리쇼를 보았다.

그런데 조금 위험하고, 웃기고, 야했다. 위험한 것은 전기톱으로 저글링을 한 것이고, 웃긴 것은 개그를 많이 한 점이고, 야한 것은 팬티만 빼고 옷을 다 벗은 것이다!

템스 강을 산책하며
Thames River

숙소 앞에서
London Suweet Hotel

런던 타워브리지
Tower Bridge

HILFIGER

중세 모습이 고스란히 재현된 현장, 런던 탑

런던에서 세 번째로 많은 관광객들이 찾는다는 런던 탑을 우리는 멀리서 보는 것으로 대신했다. 요새이자 왕실의 거처이기도 했으며 한때는 감옥과 처형 장소로도 쓰였던 곳으로, 내부에는 단두대와 고문기구, 왕실의 진귀한 유물 등이 함께 전시되어 있어 영국을 이해하는 데 꽤 의미 있는 곳이었을 텐데 그날 우리는 설렁설렁거리는 것에 더 마음이 모아졌었다.

언제 또 여길 오나 싶어 죽자고 볼 수도 있지만 기울어가는 석양을 등지고 런던에서의 마지막 밤을 답답한 실내에서 보낼 수는 없었지. 그날 밤, 참 오래도록 템스 강가를 거닐었다.

런던 탑
Tower of London

런던에서의 마지막 밤, 참 오래도록 템스 강가를 거닐었다.

런던 타워브리지
Tower Bridge

외면하고 싶던, 런던 아이

런던의 상징이라니까 한 번은 일별해 줘야 할 것 같은 마음으로 들렀던 런던 아이(London Eye). 지원이는 꼭 타 보고 싶은 충동이 일었던 곳이지. 하지만 시시하게 올려다보는 엄마, 아빠의 모습에 너도 그만 고민에 빠지고 말았다. 탈까말까를 반복하다 결국엔 마음을 접어 버렸다. 사실은 세 가족에 8만 원이 넘는다니 호불호가 극명한 후기를 상기시키며 안 탈 속셈이었단다. 돌이켜 생각해 보니 네 마음을 몰라준 것 같아 후회되는구나. 미안해.

런던 아이
London Eye

파리의 반갑지 않았던 날씨 때문이었는지 흐린 날이 많다는 런던에서 오히려 적응력이 좋았다. 지원이는 영어로 곧잘 대화도 나누고, 식당에서 주문도 직접 해 보고, 혼자 물건도 구입해 보았는데 이제 다시 언어가 낯선 이탈리아로 가야 한다니 아쉬움이 컸다. 다음에 기회가 된다면 세계적으로 유명한 영국의 대학 캠퍼스도 거닐어 보고, 짧은 일정으로 포기해야 했던 뮤지컬도 보고, 지원이가 좋아하는 프리미어리그 경기도 관람해 보고 싶구나. 영국을, 런던을 다시 올 날을 기다려 본다.

#03

VENEZIA

All the world is your exciting playground

곤돌라, 곤돌라 지원이의 노래
엄마의 품속, 양수처럼 포근하던 그날의 베네치아
처음 맛보았던, 이탈리아 피자
더 없이 낭만적이던, 바포레토
골목골목 누가 살고 있을까
푸른 물빛과 닮은 화려한 야채가게
햇살을 이길 수 없어 가판대에서 구입한 모자
이보다 좋을 수 없었던, 메스테르의 호텔
세상에서 가장 맛있다던 그 집, 봉골레 스파게티
엄마, 젤라토 또 젤라토
화장실 찾아 빙빙
유리처럼 투명했던, 무라노

저녁 어스름 때면 다시금 더듬어 볼 수 있을 거야.
너의 가장 작은 소리까지.

이탈리아 그리고 베네치아

이번 여행에서 가장 많은 시간을 할애한 곳이다.

베네치아를 시작으로 피렌체, 친퀘테레, 피사, 로마….

그중 목적지, 물의 도시 베네치아는 가장 기대했던 곳이란다.

자정에 가까운 시각에 도착한 낯설고도 낯익은 도시의 첫인상은

그 기대감만으로도 검은 적막에 감추어진 모습을 드러낼

내일을 기다리게 하는 설렘을 안겨 주기에 충분했다.

열리네 서늘하고 푸른 그 길
취하네 어지럽네 그 길의 휘몰이

저가항공을 타고 베네치아에 도착한 우리는 이슥한 밤거리를 지나 메스트레 역 앞의 숙소로 향했다.

하루를 마감한 상점들이 은은한 조명으로 내부를 살짝 드러내고 있었다. 예사롭지 않은 감각으로 새로운 길을 탐색하는 여행자의 눈을 지루하지 않게 해 주었다. 베네치아의 숙소는 파리, 런던에서의 불편했던 잠자리에 대한 보상처럼 너무나 아늑하고 편안했다. 자정이 넘은 시각임에도 산뜻한 첫인상의 베네치아에 대한 기대로 우리는 쉽게 잠들지 못했다.

다음 날 아침, 상쾌하게 하루를 열고 드디어 베네치아 본섬에 입성했다. 무엇보다 '물의 도시', 그 물 위를 가로질러 섬의 실루엣을 보고 싶었다. 바포레토를 탔다. 베네치아의 그림 같은 풍경 속으로 빠져드는 순간 우리의 마음은 왜 그렇게 두근두근 떨려 왔는지….

VECCHIA FOTO
OLD FOTO
€7,00
ALBUM VENEZIA
€2,00
CALENDARIO 2011
2011 cinema Venezia
2011 cinema Venezia
CHOCOLAT
TOSCA
VENEZIA
BUGATTI
DIE GALERIEN DER ACCADEMIA
SPECIAL PRICE
€8,0
アカデミア美術館
DIE GALERIEN DER ACCADEMIA

파리와 런던에서와는 사뭇 다른
여유가 스며들고 진정한 여행자의 기분에 젖어 발걸음이 자유로웠다.

그래, 베네치아는 상상 이상이었다.

그 어디에서도 경험하지 못했던 도시의 일렁임에 마음이 동하기 시작한 것이다.

GONDOLA SERVICE

S자 형 운하가 시가지 중앙을 관통하고 그 안에 빼곡하게 118여 개의 섬들이 약 400여 개의 다리로 연결되어 있다고 한다. 밀물 때면 골목으로 바닷물이 들어차서 장화 없이는 걷기 힘들어지기 때문에 신발 위에 뒤집어씌우는 비닐백 같은 것도 판다. 실제 리알토 다리 아래의 집은 지대가 좀 더 낮아서인지 현관까지 물이 들고 관광객들은 그 집 앞에서 물에 잠기고 있는 도시의 모습을 사진으로 담아 갔다. 골목마다 표정을 달리하는 길을 오르내리며 다시는 이 풍경을 볼 수 없을 것 같아 애잔한 감상에 젖기도 했다.

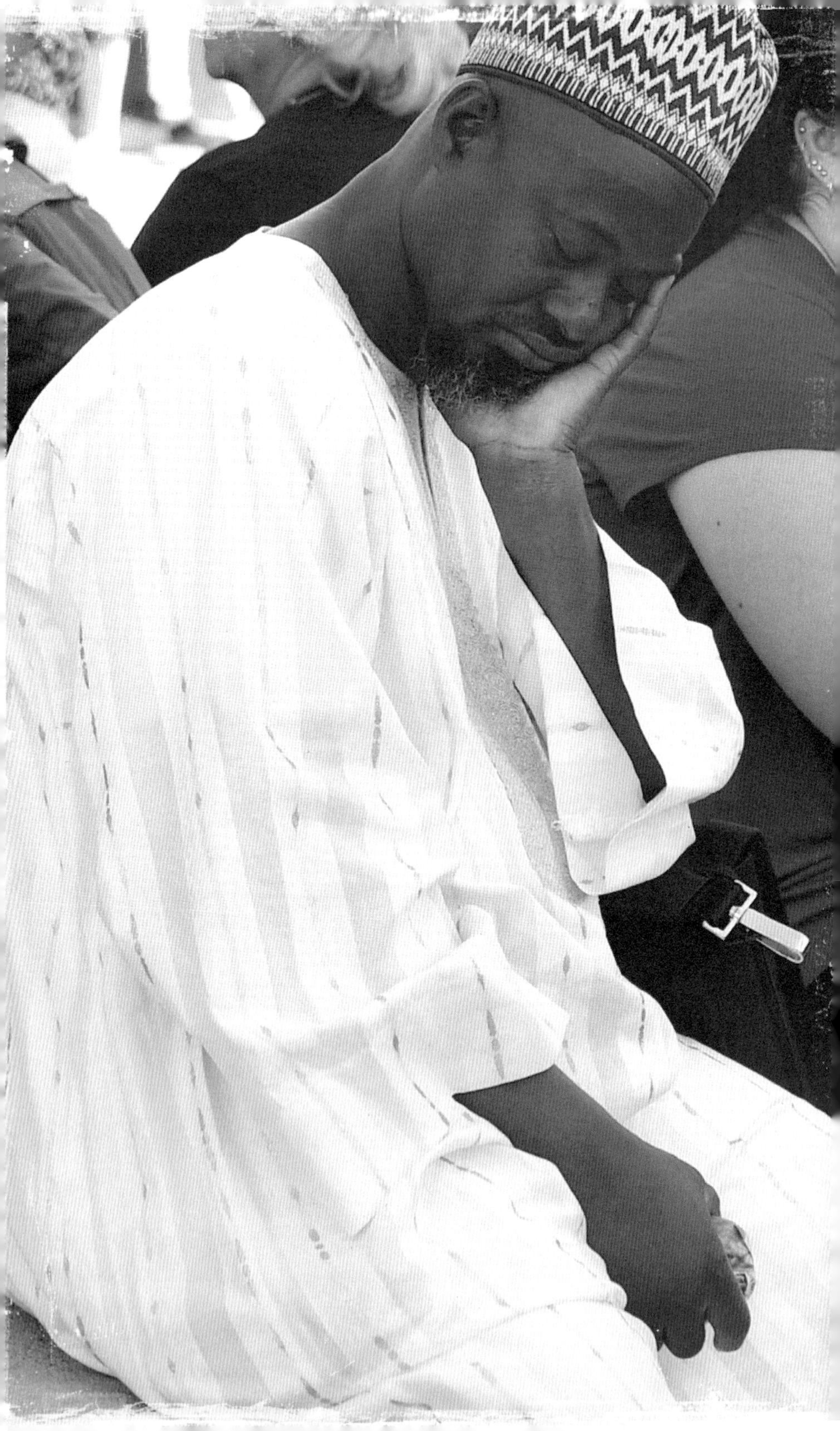

사람이 풍경으로 피어날 때가 있다.
앉아 있거나
차를 마시거나
잡담으로 시간에 이스트를 넣거나
그 어떤 때거나

사람이 풍경으로 피어날 때가 있다.
그게 저 혼자 피는 풍경인지
내가 그리는 풍경인지
그건 잘 모르겠지만

사람이 풍경일 때처럼
행복한 때는 없다.

–정현종 시인 「사람이 풍경으로 태어나」 중–

사람이 풍경일 때처럼 행복한 때는 없다.

작은 몸집이 모여 이토록 선명해지는 존재감.

사랑 고백도 이처럼 붉을까?

UVA REGINA
puglia
2,90€
UVA NERA
2,50€

어쩌면 너는
꽃송이가 될 수 있다는 것을
눈부시게 아름다울 수 있다는 것을
작은 마음으로는 묶어 둘 수 없다는 것을
그 무엇도 네가
터뜨려 버릴 수 있다는 것을

맛있는 시간

이탈리아에 가면 젤라토를 꼭 먹어야 한다고 언제, 누구로부터 들었지? 마치 의무감처럼 찾게 된 젤라토의 상큼하고 시원하고 깔끔한 맛에 반해 지원이는 이탈리아 여행 내내 젤라토를 외쳐댔다. 기분이 울적해도 젤라토, 갈증이 나도 젤라토, 걷다 지쳐 걸음이 늦어져도 '젤라토 사 준다'는 말이면 저 어디 있을 가게를 발견하려고 어느덧 기운이 솟곤 했다. 어쩌면 지원이에게는 젤라토가 여행에서 가장 강렬한 행복이었는지도 모를 일이다.

젊은 그녀는 어린이인 너에게만 경계를 허락했고,

노년의 그녀는 마음까지 열어 주었지.

세월과 더불어 살면 그를 휘도는 기운마저 너그러워지나 보다.

꼿꼿하지 않은 뒷모습처럼.

도시는 거리 화가들의 수만큼 아름다웠고, 아름답고, 아름다워지는 것 같구나.

어디로도 가지 않을 듯이, 누구를 태우기를 기다리는 것도 아닌 듯하게 곤돌라들은 반드시 그 자리에 정박해 있어야만 하는 풍경처럼 멋들어지게 어우러져 있었다. 바다보다 더 시린 빛의 푸른 덮개를 걷어 버린다면 아마도 베네치아를 덜 사랑했을지도 모른다.
곤돌라들이 그 이름처럼 제 몸을 뒤흔들 수 있게 누군가를 허락한다면, 익명과 은닉의 화려하고 무심한 가면을 쓰고 욕망마저 태우고자 하는 이들이었으면 좋겠다. 평범한 여행자의 옷차림은 도무지 이 색감에 어울리지 않으므로….

익명과 은닉의 화려하고 무심한 가면을 쓰고 욕망을 분출했던 중세인의 모습을 발견할 것만 같았다.

GAP
NEW YORK
PAROCHIA
S. CASSAN
Ca' Pesaro
arti contemporanee
Ca' Corner della Regina

고마운 당신

엄마도 아빠도 여행자처럼 차림하였구나.

이 말이 이해 갈까만,

엄마 아빠는 이런 모습만으로도 행복하고 설렌다.

많은 사람들이 여행을 꿈꾸지만 누구나 떠나지는 못한단다.

그러니 아직은 마음과 결심을 실행할 수 있는

여유를 가졌다는 것에 깊이 감사하여야겠다.

기억도 해낼 수 없는, 사진기도 해낼 수 없는
너를 다시 볼 수 없어서 아직도 호들갑을 떨고 있다.

유리처럼 투명했던, 무라노

해질 무렵 바포레토를 타고 본섬과 이웃한 무라노 섬으로 향했다. 무라노 섬으로의 이동이 늦은 시각이라 망설였는데 유명하다는 유리공예보다 더한 장관을 만나게 되었다. 지중해를 온통 물들이기 시작한 낙조를 바라보며 그 장관을 카메라에 고스란히 담아내지 못하는 것이 너무 안타까웠다. 무라노 섬에 이르렀을 때는 이미 어둠이 내려앉을 때였는데 엄마는 그 고즈넉한 마을에 발 디딘 것에 미안스러운 마음이 들었다. 그들만이 지켜내 온 삶에 소란스러움을 주지는 않을까…. 천천히 그러나 서둘러 유리의 마을에 작별을 고했다.

늦은 밤이었지만 본섬을 빠져나와 숙소로 돌아가야 한다는 것이 못내 아쉬웠다. 본섬 골목의 어느 한 집이 숙소였다면 밤이 이슥해지도록, 또각또각 발소리마저 선명할 새벽에라도 긴 여운을 달랠 수 있었을 텐데.
여행 중에는 다가올 여정에 대한 기대로 남겨진 여운을 진정할 수 있음이 다행이다. 내일을 위해 분주히 짐을 싸고, 붉은 지붕의 도시 피렌체를 준비하며 들지 않을 것만 같은 잠을 청했다. 돌아와 베네치아에서의 짧은 추억을 되살려 보니, 어느 시인의 말처럼 그때 그 순간이 노다지였을지도 모를 일이었구나. 더 깊이 사랑하고 올 것을….

밤이 이슥해지도록,
또각또각 발소리마저 선명할 새벽에라도
그 골목골목마다에서 다시 호흡해 볼 것을….

#04

FIRENZE

All the world is your exciting playground

따스한 햇살, 중앙역
장방형 돌 길 위에서의 덜컥거림
붉은 도시, 피렌체
숨 가쁘게 오른, 두오모 성당
피렌체를 사랑하게 한, 미켈란젤로 언덕
언덕 위에서 맞는 바람
바람 맞으며 행복했던 츄파춥스
잊지 못할 푸른 노을

Citta del Fiore

꽃의 도시, 체타 델 피오레

꽃의 도시, 피렌체

아쉬움을 가득 안고 물의 도시 베네치아를 떠나 도착한 꽃의 도시 피렌체. SMN 기차역에서 내려 호텔까지 이동하는 거리는 이른 아침부터 관광객으로 장사진을 이루었다. 햇살의 따스함에 도시의 느낌도 포근하게 다가왔다. 지도를 꺼내 들고 숙소 방향을 잡기 위해 산타 마리아 마조레 성당을 찾아 길을 나섰다. 손아귀에 묵직하게 잡히는 짐 무게의 압박이 심적 압박감에 더해지는가 했는데 울퉁불퉁 장방형 돌이 촘촘히 박힌 도로 위에서 아빠의 트렁크가 엄청난 소음을 내며 덜덜거리기 시작했다. 그때서야 중앙역 전체를 울리고 있는 어지러운 바퀴소리를 발견하게 되었다.

피렌체 전경
Firenze

시민들보다 외국인이 더 사랑한다는 피렌체. 세계 곳곳에서 날아온 여행자들에게 피렌체의 문이 분주히 열리고 있었던 것이다. 굉음과 같은 바퀴 도는 소리에 금방 익숙해지며 우리는 손바닥만 한 돌들을 거침없이 쓸어주었다. 지원이도 그 덜컹거림을 느껴 보고 싶었을까? 엄마 가방을 굳이 자기가 끌겠노라고 제 몸만 한 길이의 가방을 못 이겨 가며 끌어 보더니 다시 슬쩍 넘겨 주었지.

아, 저기 두오모 성당이 보였다. 숙소가 바로 그 근처였기에 더없이 반가웠구나.

피렌체는 현대식 건물을 찾아볼 수 없고 지은 지 100년 된 것도 신축 건물로 본다니 우리가 묵을 호텔에 엘리베이터가 있을 리 만무했다. 3층에 위치한 호텔까지 무거운 가방을 끌고 계단을 오르며 아빠는 무언가 피렌체는 신비로운 비밀을 품고 있는 도시일 거라는 기대에 가득 찼다.
숙소에서 창문을 열자 두오모 대성당이 우리를 반긴다. 엄마가 여행을 준비할 때 숙소 선정을 하면서 위치와 가격 그리고 내부 시설을 얼마나 철저히 계산하여 예약을 했는지 아빠도 놀랄 때가 많은데 피렌체 숙소 역시 저렴하면서도 심플한 방 분위기가 마음에 쏙 들었다. 너무나 깔끔해 병원 같은 느낌까지 든다고 좋아했더랬지.

늦은 밤까지 지원이를 이끌고 다니기는 무리일 터, 해가 떨어지기 전에 늘 발길을 분주하게 옮긴다. 여장을 풀자마자 호텔 앞에 위치한 왁자지껄한 골목에서 푸짐한 점심을 먹었다. 점심 코스요리여서 조금씩 다양하게 나올 줄 알았는데 한 접시마다 2인분은 족히 되어 보이는 그 양에 놀라고 말았지. 이탈리아는 음식 인심이 후한 것 같아 먹기도 전에 배가 부를 지경이었다. 한가롭게 식사를 마치니 부른 배를 핑계 삼아 걷기에 아주 좋았단다.

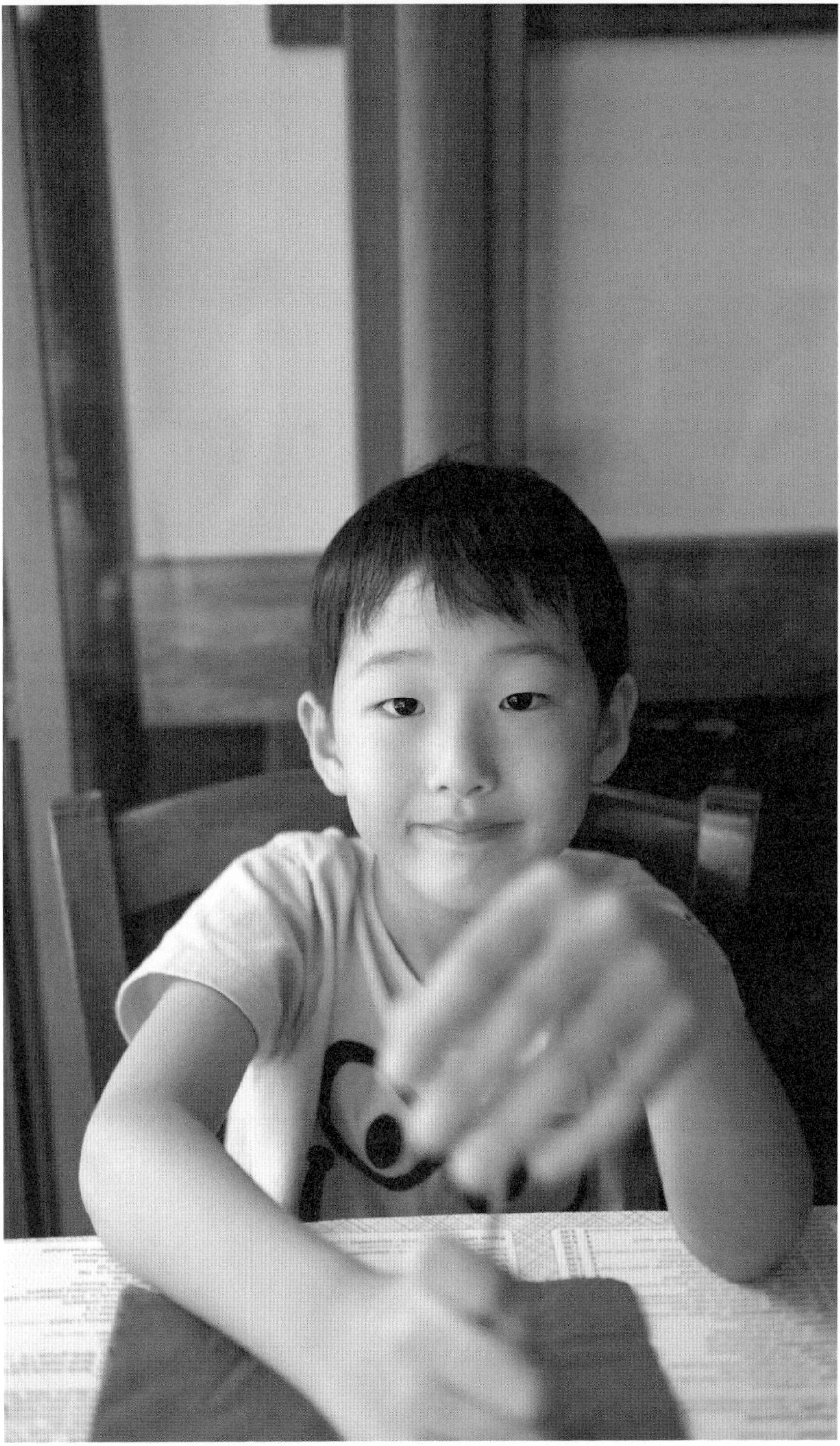

꽃의 산타 마리아 대성당
Santa Maria del Fiore

피렌체는 좁은 골목마다 아담한 노천카페들이 즐비했다. 길지 않은 그 골목들이 작은 광장에 맞닿아 있곤 했는데 산타 마리아 델 피오레(Santa Maria del Fiore)는 그 중심에 있다고 볼 수 있다. 피렌체의 두오모라고도 불리는 성당이 있는 광장에 들어서니 골목 깊숙이 내리지 못한 햇살이 모두 모여 있는 듯 눈부시게 환해졌다. 두오모는 청색, 흰색, 오렌지색의 대리석으로 화려하나 우아하고 풍부하며 기품 있어 보였다. 전체적으로 밝은 색상 때문인지 다른 성당을 방문했을 때와 달리 한결 가벼운 마음으로 내부를 돌아볼 수 있었는데, 저 멀리에서 반가운 얼굴이 눈에 띄었다. 베네치아를 여행하다 버스에서 잠시 만난 가족이었다. 지원이가 한껏 기운을 받은 건 두 말 할 것도 없었지. 한달음에 달려가 작은 형 옆에 착 붙더구나. 큐폴라를 오르려는 계획을 가지고 있던 우리 모두에게 그 만남은 행운과도 같았단다.

어둡고 좁은 그 어떤 길도
혼자라는 두려움이 사라지면,
괜찮아요, 가능해요.

피렌체의 붉은 보석, 큐폴라

지원이 혼자라면 너무도 힘겹게 올랐을 험난한 두오모의 돔인 큐폴라. 꼭대기까지 가는 460여 개의 계단을 오를 생각에 사실 지원이보다 엄마가 제일 두려웠단다. 슬슬 발동을 걸어야 하는데 아빠도 옆에서 엄마가 더 걱정이라며 은근 놀리는 분위기였지. 그때 베네치아의 버스 안에서 봤던 형을 만난 것이다. 지원이는 망설일 틈도 없이 달음박질로 단숨에 오르기 시작했지. 형과 함께라면 어디를 못 갈까 싶었다. 그런데 엄마도 큐폴라 계단 입구에 새겨진 '심장이 약한 사람은 오르지 말라'라는 말이 무색하리 만큼 어렵지 않게 올랐구나. 빌딩의 무미건조한 계단이 아니라 힘을 얻기 위해 짚는 벽 하나에도 역사가 느껴지고 어른 둘이 어렵게 통과할 만큼 좁고 꼬불꼬불한 오름이 지루할 틈을 주지 않은 까닭이다.

꽃의 산타 마리아 대성당
Santa Maria del Fiore

턱을 쳐들어야 할 만큼 경사진 계단을 올려다보면 숨소리부터 아득해졌지만, 거친 호흡을 토하듯 뿜어내는 순간마다 장난감같이 붉은 지붕들이 벽에 난 작은 철장 사이로 모습을 드러내곤 했다. 줄줄이 이어오는 뒷사람들에 밀려 촘촘한 발걸음을 잠시도 멈출 수 없어 다시 올라가야 했지만, '너의 노력이 헛되지 않게 해 주겠노라'고 멋진 풍경을 약속해 주는 것 같아 그 기대감에 또 힘을 얻곤 했었지. 드디어 첫 번째 보상, 큐폴라의 천장화를 만날 수 있었단다.

천장화를 가장 가까이 볼 수 있는 기회이기도 했다. 부루넬리스키의 〈최후의 심판〉을 주제로 그린 프레스코화라고 한다. 이후 바티칸시국에서 미켈란젤로의 천장화를 보고 또 한 번 놀라게 되는데 사실적인 묘사와 입체감, 그리고 그것을 완성해내기까지의 그 정신은 대체 어디서 오는 것인지 경이롭기까지 했다.

홍콩에 갔을 때 기겁을 하고 말았어.
마천루의 휘황한 유혹이 검은 손처럼 무서웠지.
낮은 지붕과 높은 하늘이 조화로운 곳이 좋지 않니?
오래도록 숨고르기 하며 결대로 느낄 수 있는
낮디 낮은 곳들.

두오모 큐폴라
Duomo Cupola

맨홀 뚜껑을 열고 머리를 내밀며 나올 때면 이런 기분일까? 산 정상의 좁은 바위 위에 올라서면 이런 기분일까? 하늘로 솟은 어둡고 좁은 터널의 끝에 이르렀을 때, 극적으로 느껴지는 시원한 공기에 온몸이 반색하기 시작했다. 줄 이은 행렬에서 뒤처지지 않기 위해 땀이 흥건해지고 있었다는 것조차 감지하지 못했었는데, 그 시원한 공기는 내 몸 상태를 정확히 일깨워주는 것이었다. 그리고 누구 할 것 없이 동시에 터지는 탄성.

'피렌체의 붉은 보석'이라는 큐폴라에 올라왔지만 여기서 내려다보는 피렌체의 전경이 바로 '붉은 보석'이 아닐까 싶었다. 잘했어! 잘 올라왔어! 우린 서로를 축하하고 대견해하며 그렇게 한참을 머물러 있고 싶어 했지. 이렇게 낮은 지붕을 가진 이 도시가 얼마나 사랑스러운지….

하이델베르크를 떠나면서 보았던 강가에 닿은 마을이 떠오른다.
달리는 기차 창밖에서 내리고 싶은 마음을 충동질하던 작은 마을들.
언젠가 다시 가 보리라 꿈꿔 왔던 그곳이 불현듯 생각났다.

피렌체 전경
Firenze

여행지에서 또 다른 여행지의 향수를 자극받는다.

그리고 제자리로 돌아간 때로부터 또다시 꿈꾸는 거지.

기력이 살아나는 거지. 필연이 되는 거지.

幼年을 위하여

엄마, 아빠는 어리석게도 가끔 잊어버릴 때가 있다.

너와 눈 마주치며 하늘을, 바람을, 햇살을 함께 노래할 수 있다는 것을.

너와 함께 발맞추고, 산책하고, 행진하며 같은 곳을 바라볼 수 있다는 것을.

무엇보다 다시 돌아오지 않을 너의 유년이라는 것을 잊고

오늘도 쳇바퀴 돌리려 한다는 것을.

아쉬움을 채워 준 젤라토

런던 그린 파크에서 만났던 런더너 가족이 화근이었다. 그 럭비공.

그렇지 않아도 여행하는 동안 그 사랑하는 축구를 하지 못해 은근히 몸이 근질거렸을 텐데, 거칠 것 없이 럭비공과 함께 잔디를 뛰어 오르고 달렸으니 잠재되었던 욕구가 그날로부터 줄곧 지원이를 괴롭혔으리라. 베네치아에서도 공을 사겠다고 슬쩍슬쩍 운을 띄우더니 피렌체의 두오모 광장에 있던 노상에서 떠날 줄을 모르는 것이다. 이제 엄마, 아빠를 떠 보는 수준이 아니라 사 주지 않으면 울 것같이 우울해지기 시작했지. 하지만 여행가방을 질질 끌고 다녀야 할 앞날이 빤한데 결코 호락호락하지 않았다.

네 사정은 아랑곳없이 엄마, 아빠는 그랬다. 우린 '여행자'라고! 몸도 짐도 가벼워야 하지만 마음도 가벼워야 한다고. 익숙했던 것들에서 잠시 멀어지는 시간이 바로 여행의 묘미인 걸.

그늘진 누군가의 집 대문 앞에 쪼그리고 앉아 대롱거리는 공을 젖은 눈으로 바라보았었지. 하지만 오래지 않아 너는 다시 길을 나설 수 있었다. 포기할 수 있는 시간이 필요했을 뿐, 우리가 여행자임을 너도 알기 시작했기 때문이라고 생각했지.

너를 다시 발랄하게 만들어 준 것은 역시 젤라토! 그 맛만큼이나 상쾌하게 걷기 시작했단다.

몸도 짐도 마음도 가벼워져야 한다며…

그 아쉬움을 채워 줬던 상큼한 리모네 젤라토.

베키오 궁전
Palazzo Vecchio

SMILE

시끌시끌한 광장에서도 혼자만의 사색에 잠길 수 있는 것은

자신과 더불어 있는 모든 것이 하나의 풍경이라고 생각하기 때문일까?

르네상스의 매력에 빠져 걷던 산책길

지도 하나로도 낯선 땅의 골목골목을 가늠해 볼 수 있어서 얼마나 좋은지. 걸음만으로도 충분하지만 결코 볼품없지 않은 이 중세 도시가 얼마나 매력적인지. 이탈리아인들이 가장 아름다운 도시라고 꼽는다는 피렌체를 우리 또한 더없이 사랑하게 한 미켈란젤로 언덕으로 방향을 잡아 걷기 시작했다.

우피치 미술관과 베키오 궁전의 배경으로 들어선다. 몇 시간 줄을 서야 한다는 우피치 미술관은 안타깝게도 입장시간이 지나고 말았다. 르네상스 회화관으로서는 양으로나 질로나 세계 제일의 미술관이라는데 입구에서 거절당한 것처럼 차가운 인상이었다. "오히려 잘됐어. 그 큰 미술관을 돌아보려면 너무 힘들 거야."라고 엄마, 아빠는 아쉽지 않다고 맞장구를 쳤다. 하지만 엄마는 미술관 층층이 보고 싶은 대표 작품을 적어 왔었단다. 아쉬웠어….

키쿠스를 죽이는 헤라클레스

헤라클레스와 네우수스

피렌체의 심장부인 시뇨리아 광장에는 수많은 비둘기와 함께 로지아 회랑의 계단에서 여유로운 오후를 즐기는 젊은이들로 활기가 넘쳤다. 르네상스 시대 거장들의 진품과 모조품들이 세워져 있었는데 한 편의 서사시를 보는 듯했다.

사비나 여인의 겁탈

Ponte Vecchio

이름이 '오래된 다리'래.
엄마는 새것보다 묵은 것, 오래된 것에 애정을 느끼는데
그 이름만으로 얼마나 진솔하고 친근한지 살포시 웃어지며 좋았단다.
전쟁의 시련도 다 이겨냈다는 사연 많은 다리.
시간의 공이 들지 않고 영그는 것은 아무것도 없단다.

우피치 미술관을 나와 아르노 강변에 서고 보니, 피렌체에서 가장 '오래된 다리'라는 이름을 가진 폰테 베키오(Ponte Vecchio)가 보였다. 고대 로마 시대부터 교각이 있었다는구나. 저 짧은 다리 위에 작은 보석가게들이 다닥다닥 붙어 있는데, 중세의 피렌체에는 이처럼 건물로 둘러싸인 다리가 일반적이었고 지금은 베키오가 유일하다고 한다. 1300년 당시에는 정육점이 많아서 불결했대. 이 문제를 해결하기 위해 금, 은 보석상만 남게 한 것이 오늘날과 비슷한 모습을 띠게 되었다고 한다.

오래된 것은 그 사연도 많겠지? 2차 세계대전 동안 피렌체를 지배했던 독일군이 연합군의 진군을 막기 위해 다리를 폭파시켜야 할 때, 히틀러는 폰테 베키오만은 남겨두라고 명령을 했다고 한다. 부수기엔 너무 아름다웠기 때문이라니, 여행자인 우리에겐 참 다행스러운 일이구나 싶었다.

다리 중간쯤에 있는 수돗가에서 잔잔한 아르노 강을 감상할 수 있었다. 아르노가 없는 피렌체를 상상할 수 없다고 할 만큼 아름답다. 작고 소박해서 아기자기한 아름다움을 한눈에 담아 볼 수 있는 매력이 있었다. 크고 웅장한 것들에 대한 동경이 지배적인 문화에서 벗어나고 보니, 유럽 곳곳에서 지켜지고 가꾸어져 가는 작은 것들에 대한, 있었던 그대로에 대한 애정을 발견하게 된다. 낮은 건물, 작은 도시, 작은 강으로부터 긴장이 사라지고 평온이 찾아드는 듯하다.

부드러운 유속을 따라 카약을 타는 사람들을 보았다. 강변으로 아담하게 들어서 있는 중세의 집들 때문인지 그 모습 또한 참 이국적이었다.

다리를 건너면 오늘의 마지막 목적지인 미켈란젤로 언덕에 닿는다. 언덕을 잇는 산길을 산책하고 싶었지만 곧 석양이 닥쳐 올 것 같아서 버스를 타기로 했다. 굽이굽이 휘감긴 언덕을 올라가 보니 드넓은 광장 중심에 다비드 상이 마지막 햇살을 견디며 우뚝 서 있었다.

피렌체에는 다비드 상이 세 점 있다. 오리지널 작품은 오랜 세월로 인해 부식돼 아카데미아 미술관으로 이송되었고, 원래의 자리인 베키오 궁전 앞에는 복제품이 새로운 수문장으로 세워졌다. 그리고 피렌체를 외침으로부터 견고하게 지키기 위해 아르노 강 남쪽에 미켈란젤로의 언덕을 조성하고 청동 다비드 상을 세웠다고 한다. 피렌체 어디를 가나 다비드를 비켜 갈 수 없는 것이다.

미켈란젤로 언덕에서 본 피렌체 전경
Michelangelo Plaza

미켈란젤로 언덕에서 맞는 바람, 노을

우리는 광장을 가로질러 광장 난간에 매달려 있는 사람들을 향해 달리기 시작했다. 그 끝에 다다르면 저들과 같이 진귀한 풍경을 만날 수 있을 것 같아서였다. 지원이는 엄마와 그저 달리니까 행복해했지. 어느 때고 발동하는 '앞질러 달리기'의 승부욕으로 말이다.

광장의 끝에 이르렀을 때, 왜 미켈란젤로 언덕에 올라야 하는지 그 이유를 알 것 같았다. 기대했었지만 미처 기대하지 못했던 것을 만나게 되었을 때의 기쁨이란!

뉘엿한 하루의 끝자락에 맞는 홀로 여행이었다면 아마도 오랫동안 상념을 풀어냈겠지만, 지원이에게는 아직 풍경을 보고, 느끼고, 감흥하기엔 구체적인 언어가 필요하다고 생각하기 때문에 엄마는 다시 네 손을 꼬옥 잡았단다. 그때 문득 아빠가 사라진 것을 알게 되었지. 그 무거운 카메라는 이런 순간을 위한 것이니까. 아빠는 우리 모두를 잊고 어스름 빛 속에서 종횡무진하고 있더구나. 지금 이 글을 쓰는 순간도 까마득히 혼자였던 아빠의 모습이 떠올라 싱거운 웃음이 배 나온다.

미켈란젤로 언덕
Michelangelo Plaza

말과 숨결로 나를 방문한 온유여.

온유에 대하여 이야기하던 그 사람 빈집 안의 작은 불꽃이
오늘은 더욱 맑고 섬세하구나.
겨울 아침에 무거운 사람들이 모여서 온유의 강을 조용히 건너가느니
주위의 추운 나무들 눈보라 털어내고 눈부신 강의 숨결을 받아 마신다.

말과 숨결로 나를 방문한 온유여, 언 손을 여기 얹고 이마 내리노니
시끄러운 사람들의 도시를 지나 님이여 누군가 어깨 떨며 운다.
그 겸손하고 작은 물 내게 묻어와 떠돌던 날의 더운 몸을 씻어준다.

하루를 마감하는 내 저녁 속의 노을, 가엾은 온유의 강이 큰 힘이라니!
나는 저런 색으로 강해지고 싶었다. 불타는 뜬구름도 하나 외롭지 않구나.

―마종기 시인 「溫柔에 대하여」 중―

해가 지고, 등 뒤에서 환한 달이 비출 무렵까지 우리 셋은 그렇게 말없이 미켈란젤로 언덕의 계단에 앉아 있었다. 낮의 끝과 밤의 시작이 공존하던 그 짧은 순간, 내어준 엄마의 어깨에 기대어 나란히 앉아 저 먼 데를 응시하는 지원이와 엄마의 뒷모습을 카메라 프레임을 통해 목도한 아빠는 이 두 사람에게 저렇게 공손한 노을과도 같은 그리고 겸손한 달과 같은 따뜻하고 친절한 존재가 되어야겠다는 다짐이 기도가 되어 가슴에 남았단다.

엄마는 네가
방긋이, 살며시, 까르르 웃을 때 참 행복하다.
누구의 미소를 가지고 태어났을까?
엄마의 미소는 그렇게 예쁘지 않고,
아빠의 미소를 닮은 듯하기도 하지만
세상 시름 다 잊게 하는 너의 미소는
분명 우리에게 사랑이 되고 싶은
소망으로 빚은
너만의 비법일 게야.

석양을 볼 수 있는 기회가 많지 않다는 것을 깨닫게 되었다.
아름다운 석양을 볼 수 있는 여행지는 행운이라는 것도 알게 되었다.
언덕의 계단에 세계의 여행자들과 나란히 앉아 한곳을 바라보던 풍경.
그 순간에는 말이다. 엄마이지도 아빠이지도 않았단다.
역할 이름 없이, 그저 여행자로 느껴지던 행복감이 있었다.
짧은 하루였지만 아쉽지 않았던 이유이지.

#05

PISA&CINQUE TERRE

All the world is your exciting playground

누구나 하는 놀이, 피사의 탑

쉽게 모습을 보여 주지 않았던, 다섯 개의 보석

한나절을 헤매며 머물렀던, 라스페지아 역

계곡처럼 맑은 빛의 지중해

원색의 아름다움, 친퀘테레

이보다 더 맛있을 수 없을 거야, 천혜의 과일들

그릴 쉬림프, 쉬림프 외쳐대던 지원이

아침다운 아침, 산책길

마지막까지 까탈스러웠던 보석, 친퀘테레

누구나 하는 놀이, 피사의 탑

이탈리아에 오면 반드시 봐야 할 세 가지가 있다고 한다. 첫째는 언제 물에 잠길지 모르는 베네치아, 둘째는 언제 화산이 폭발할지 모르는 폼페이, 그리고 언제 넘어질지 모르는 피사의 사탑이 그것이다. 그 사탑을 보기 위해 피렌체에서 피사로 향하는 기차에 몸을 실었다.

갈릴레이의 고향이기도 한 피사에 도착해 두오모 광장에 들어서니 푸른 잔디와 새파란 하늘이 조화롭고 시원스럽게 눈에 들어왔다. 사진으로만 봐 왔던 명성을 눈으로 확인하는 순간이었다. 그런데 신기해하는 엄마, 아빠와 달리 지원이는 어느새 기념품 가게를 기웃대고 있었다.

"와! 진짜 기울었다!" 들뜬 목소리로 너를 부추겨 보았다.

"알아, 갈릴레이가 낙하실험 해서 아리스토텔레스가 틀렸다고 증명했잖아."

15도는 기울어야 눈이 번쩍 뜨일까? 잔뜩 기대하고 들어서던 모습과는 달리 기울기에 대한 실감이 나지 않는 모양인지 다소 시큰둥한 반응이었다. 목적이 분명할수록 달성에도 욕심이 생기는 법! 엄마는 너무 섭섭했다.

광장을 나오는 길에 기념사진을 남기기로 했다. 작은 도시 피사를 찾은 이유가 바로 이 사탑 때문임을 증명하려는 듯 관광객들은 하나같이 '사탑놀이'를 하고 있었는데 그 모습 또한 진풍경이었다. 기록하고 남기고 싶은 욕망의 대열에 우리 가족도 가세했던 순간을 돌이켜보니 '남는 것은 사진밖에 없다'는 말이 실감 난다. 안 찍었으면 섭섭해서 어쩔 뻔했어.

원색의 아름다움, 친퀘테레

봉긋 솟은 바위 위에 조가비처럼 다닥다닥 붙어 있는
원색의 마을을 발견한 순간, 이름도 생소한 그곳이
이번 여행의 의미인 양 소중해져 무조건 여기를 가고 싶었다.

사실 친퀘테레로의 여정은 여행 준비 단계부터 난항이었다.
피렌체에서 로마로 직행하면 2시간이면 족할 것을
로마를 하루 희생시키고 기차 시간만 7시간을 더하는 계획을 잡았다.
하지만 우리의 애정공세에도 친퀘테레는 만만하지 않았다.
숙소를 알아본 시점이 여행 출발 두 달 전이었지만
돌아오는 답변은 모두 Sorry! 그때서야 알았다.
동양인에게는 생소한 친퀘테레가 이탈리아인과 유럽인들의 사랑을
흠뻑 받는 그들만의 휴양지라는 사실을 말이다.

친퀘테레의 두 번째 마을, 마나롤라
Manarola

얼마나 많은 이메일을 보내고 거절당했는지, 두 달 가까이 씨름하고 나니 답장 받은 숙소 정보조차 정리되지 않고 헷갈리기 시작했다. 아빠는 인연이 아닌 것 같다며 포기를 강권했지만, 그래야지 하고서도 엄마는 숨어 있는 민박 찾기를 멈출 수 없었구나. 피렌체에서 2시간 반이면 오는 거리라 당일치기 하는 사람들도 많았지만 엄마는 꼭 그 마을의 밤과 아침을 맞고 싶었단다. 아무리 작은 마을이라지만 우리 하나 거둘 곳 없겠어?

침대에 누워서도 초록의 작은 창가로 바다가 내려다보이던 집은 아니었지만, 삐걱대는 철재 의자 두 개가 옹기종기 놓여 있던 장난감 같은 발코니가 있는 집은 아니었지만, 이른 아침 쏟아지는 햇살을 받으며 그윽한 에스프레소를 대접받을 수 있는 집도 아니었지만 마침내 우린 민박을 구할 수 있었다. 그리고 그 마을, '다섯 개의 보석'을 하이킹하면서 여행의 피로감을 마음껏 헤쳐 줄 계획을 안고 너무나 흐뭇했었다.

침대에 누워 초록의 작은 창가로
석양이 물들고 별이 뜨고
어둠이 잠잠해지고
다시 옷을 벗는 그 아침을 지켜보고 싶었구나.

파도 소리에 귀가 열리고
우리의 소리를 나즈막이 이끄는
바다가 내려다보이던 그 집은 아니었다지.
삐걱대는 철재 의자 두 개가 옹기종기 놓여 있는
장난감 같은 발코니도 없었다지.

이른 아침 쏟아지는 햇살을 향해
장난치지 말라고 눈살을 찌푸리며
그윽한 에스프레소를 나눌 수도 없었다고.

그런 집은 아니었지만
그 마을, 다섯 개의 보석을 하이킹하면서
마음껏 헤쳐 줄 테야,
그러마 하고 흐뭇했었다지.

하지만 야속하기만 한 시간들이 우리를 기다리고 있을 줄이야.
피사에서 예상보다 늦어진 출발로 라스페지아 역에 도착한 시각은 오후 3시. 늦은 감이 있었지만 그때까지는 마음의 여유가 있었다. 우리의 숙소가 있는 친퀘테레의 두 번째 마을 마나롤라까지는 라스페지아 역에서 기차로 5분이면 닿을 가까운 거리였기 때문이다. 그러나 어찌된 영문인지 기차가 들어오질 않는다. 스케줄표를 아무리 봐도 분명해지지 않자 아빠는 여기저기 알아보러 다니기 시작했다. 최종 확인된 플랫폼에 앉아 기다리자니 허탈해지기 시작했다. 한 시간여를 헤매고 나니 수영은 커녕 하이킹이라도 제대로 할 수 있을지 의문이었다. 처음부터 호락호락하지 않더니 그 모습을 드러내기까지 이렇게 힘들게 하는구나.
"이게 여행의 묘미지, 패키지에서는 맛볼 수 없는!"
기차에 올라타서 서로를 흘겨보며 안타까운 미소를 주고받았다.

마을 전체가 유네스코 세계문화유산인 친퀘테레는 리오마조레, 마나롤라, 코니글리아, 베르나차, 몬테로소알마레라는 다섯 마을로 이루어져 있다. 이탈리아어로 '다섯 개의 마을'을 뜻한다니 한 마을에서만 머물 일이 아니다. 푸른 지중해를 옆구리에 끼고 벼랑을 돌아 산 전체를 휘감는 향긋한 포도밭을 넘어, 절벽 위에 위태롭게 서 있는 형형색색의 집들과 골목을 순례해야 할 일이다.

마나롤라에서 짐을 풀고 마을을 오가는 기차로 해변이 아름다운 몬테로소로 이동한 다음, 해가 뉘엿해질 때까지 지중해에 발을 담그고, 첫 번째 마을인 리오마조레로 기차를 타고 돌아와 마나롤라까지 이어지는 '사랑의 길'을 걸으며, 절벽 위 레스토랑에서 석양을 바라보며 저녁을 먹어야지. 계획은 그랬다.

하지만 미련 없이 잊어 버렸다. 여기까지 오고도 제대로 실행할 시간이 없다는 것이 너무 속상했으니까.

통영 바닷가가 내려다보이는 언덕에 자리한 동피랑 마을이 떠올랐다. 다만, 어여쁘긴 했으나 어여쁘기 위해 단장한 길이었던 동피랑과는 달리 마나롤라의 어여쁨은 절벽 위에 피운 질긴 생명과도 같이 자연스러웠다.

리구아나 해의 평야가 없는 황량한 이곳에 사람들은 500여 년 전부터 급경사의 바위벽에 집을 짓고, 산을 개간한 계단 모양의 밭에서 포도를 가꾸어 왔다고 한다. 가파른 바위 해안을 따라 걸으면 경사면에서 위태롭게 익어가는 올리브와 포도밭을 볼 수 있었다. 해풍을 받고 자라서일까? 마을을 산책하며 송이째 들고 먹었던 포도 맛은 정말 달콤했다. 이후 로마에서는 물론 서울로 돌아와서도 청포도를 찾곤 했으니 그 여운이 오래도록 남은 듯하다.

마나롤라 숙소 앞에서
-Manarola

언덕바지 끝자락, 가파른 곳에 위치한 숙소를 나와 해가 떨어지기 전에 골목골목을 다녀 보기로 했다. 얼마 가지 않아 갓 구운 빵 내음에 걸음을 멈추었다. 간판은 없었지만 서너 명의 주민이 빵을 사고 있었으니 빵집이려니 했는데 빵집이 아니라 카페란다. 아쉽다는 표정을 남기고 돌아서 나오는데 우리를 불러 세운다. 그리고는 바게트 중간 부분에 칼을 대는 시늉을 했다. 이탈리아어로 무어라 하는데 "이 정도면 돼?" 하는 것 같아 생긋하며 "좋아, 얼마야?" 했다. 아, 그냥 주는 거란다. 정말? 넙죽 받고 보니 그건 빵이 아니라 따뜻한 인심이었다.

낯선 땅에서는 어떤 형태의 친절이든 곱절로 느껴지는 법이다.

평화로운 마을을 닮은 인심 넉넉한 사람을 만나고 나니 우울했던 마음이 한결 가벼워졌다.

독특하고 조화로운 색깔만 있다고 좋을까?

눈이 즐거워도 마음이 동해야지.

마음을 동하게 하는 맛깔스러운 추임새.

미소, 관심 그리고 베풀어 준 친절.

문패 하나 달고 싶다.

어긋나 버린 계획 때문에 우울해져서
보이는 것조차도 보지 않는 어리석은 짓은 말아야지.
고운 색깔이 더 상처받지 말라고 재롱부리는 것 보이니?

마음의 얼룩까지 산뜻하게 날아가고 있구나.

쉽게 보여 주지 않았던 다섯 개의 보석

소리만큼 굵어지고 있는 비를 피해 실내 가득한 노란 조명 때문인지 아늑해 보이는 레스토랑으로 들어갔다. 추억할 것도 없이 내일이면 떠나야 할 곳이라 생각하니 그 허전함을 풍요롭게 채우고 싶었다. 무얼 먹어 볼까? 지원이는 그릴새우를 주문했다. 온종일 그릴새우가 먹고 싶다고 하던 참이었다. 스파게티와 그릴새우, 오늘의 요리라는 이름 모를 생선구이, 그리고 꼭 맛보고 싶었던 화이트 와인을 시켰다. 이곳에서 재배한 포도로 집집이 직접 포도주를 만든다고 하니 그 맛이 궁금했던 것이다. 술맛을 모르는 엄마는 그저 달지도 쓰지도 않으면서 목 넘김이 부드럽다고 좋아했다. 입가에 남는 향기 또한 알듯 말듯 잡히지 않는 것이 좋았다.

밤이 깊어지자 장대비가 내리기 시작했다. 새벽같이 일어나 꼭 하이킹을 마치고 가자는 얘기를 한 지 불과 몇 분 만에 겁주듯 퍼붓는 것이다. "그래도 가자!"며 새벽 5시로 알람시계를 맞추었지만 긴장했던 하루를 침대에 누이고 나니 '그래도 가자'라는 말이 메아리처럼 사라져 갔다.

다음 날, 비는 산뜻하게 개 있었다. 비록 새벽 5시는 아니었지만 눈곱만 떼고 서둘러 마나롤라 역으로 향했다. 하이킹 코스인 '사랑의 길'을 지나 첫 번째 마을인 리오마조레 역에 도착했다. 다섯 번째 마을인 몬테로소로 가기 위해서였다. 몬테로소는 작지만 아름다운 해변이 있다. 못다 한 하이킹에 대한 아쉬움을 그렇게 갈무리지으려던 참이었다.
그런데 정말 이럴 수가 있을까? "이거 방향이 다른데?"라고 얘기하면서 자석에 끌리듯 반대방향의 기차에 오르고 만 것이다. 잘못을 깨닫고도 발은 움직이지 않으니 머리가 텅 빈 느낌이었다. 기차는 라스페지아 역으로 느릿느릿 굴러가고 있었다. 어이없어 서로를 격려할 기력도 없었다. 한숨만 푹푹 쉬며 문제의 역으로 가는 동안 우리는 만사를 제쳐 두고 짐을 싸서 떠날 수밖에 없다는 결론을 내렸다. 기차 배정이 자주 있는 것이 아니어서 어쩌면 로마행 기차도 놓칠지 모른다는 계산이 나온 것이다.

못다 한 시간들에 대한 아쉬움이 그리움으로 부풀곤 한다. 친퀘테레, 보았지만 보지 않았고, 머물렀지만 꿈이었던 것처럼 아득하다. 그런 비밀스러운 곳을 세상 어디에 하나쯤 둬도 좋을 것이라 위안해 본다.

마나롤라 숙소 앞에서
Manarola

마나롤라에서 리오마조레로 이어지는 터널 '사랑의 길'
Via dell' Amore

NICKEL
JE VOUS
levana
TRUTH
FRANCE

외로워 보이지 않았다

열매의 땀방울이여

욕심을 버리려고 몸을 터는 이 계절의 나무

부를 수 있는 이름은 영원한 이름이 될 수 없고

보이는 몸은 영원한 몸이 될 수가 없다

-마종기 시인 「열매」 중-

#06
ROME&VATICAN

All the world is your exciting playground

고대의 빛으로 맞이하던 로마의 밤거리
후세대에게만은… 카타콤베
그 소리, 함성이 들릴걸, 콜로세움
빛의 메시지, 판테온
미켈란젤로로부터의 위로, 피에타
살아 있는 신화, 라오콘
이탈리아 마지막 맛, 가지 피자
요새와 같던 바티칸시국
착하게 살래요, 최후의 심판
한계를 논하지 말라, 천지창조
우리 여행을 부쳐 줘요, 바티칸 우체국
감격의 알프스

TAXI

고대의 숨결을 간직한 로마, 로마인

"고속열차 맞아? 왜 이렇게 느리지?"
로마행 기차는 유로스타였지만 생각보다 느렸고 갈수록 속도가 떨어지더니 정거장도 아닌데 갑자기 멈춰 섰다. 안내 방송도 없고 통로에 목을 빼고 둘러봐도 동요하는 사람이 없었다. 금방 출발하겠지 하는 마음으로 자리에 앉아서 기다렸다. 한참을 기다렸을까? 시계를 보니 거의 1시간 30여 분을 그리고 있었다. 사정이 궁금하여 같은 열량에 동승한 승무원에게 묻자 웃으며 곧 출발한단다. 역시 탑승객 중 지연으로 인해 당황하거나 불만을 제기하는 사람은 아무도 없었다. 한국에서는 상상도 못할 일이라며 엄마, 아빠는 툴툴거렸지.
후일 로마투어에서 이 말을 꺼냈더니, 앞다투어 제 경험을 얘기하는데 8시간 연착은 물론 심지어 비행기를 놓치고 만 경우도 있었단다. 이탈리아에서는 이런 일이 다반사라니 오히려 우리가 경험한 기차연착은 애교 수준쯤 될까? 하지만 이탈리아를 떠나는 날, 기어코 진땀 흘리는 경험을 하게 된다.

예정 시간보다 두 시간 가까이 늦은 시각에 로마 테르미니 역에 도착했다. 여느 나라 수도가 그러하듯 지방에서 상경한 시골 촌부와 일자리를 찾아 모여든 사람들의 모습도 보이고, 세계 각지에서 찾은 여행객들로 기차역은 북새통이었다. 도시 생활에 익숙한 탓일까? 한적하고 조용한 풍경이 몽롱한 추억을 주는가 하면, 이렇게 사람들로 붐비는 풍경에서 안도감을 느낀다. 숙소에 짐을 놓고 지도를 들고 거리로 나섰다. 숙소에서 가장 가까운 유적지가 콜로세움이라 방향만 잡고 천천히 걸어보았다.

사랑을 가르쳐 주고, 포옹을 알게 한 우리 아들

로마의 휴일, 벤허, 쿼바디스, 글래디에이터를 통해 수없이 상상하고 고대했던 로마를 만난다니 그 설렘은 말할 수 없이 컸다. 하지만 우리를 먼저 놀라게 하고 감탄하게 한 것은 역사 속의 로마 유적이 아니라 구석진 골목까지도 고대의 숨결이 그대로 느껴지게 간직한 채 현재를 살아가는 로마인, 그들이었다. 그 길을 꼭꼭 다지듯 걷다 보니 어느새 콜로세움에 이르렀다.

"엄마, 콜로세움!" 전경이 드러나자 피사(Pisa)에서와는 달리 흥분된 목소리가 터져 나온다. 교과서 확인 같은 마음으로 계획했던 피사에서 큰 공감을 드러내지 않았던 지원이는 '로마'에 발을 딛는 순간 지나치는 모든 것에 반응하기 시작했다. 진정으로 기대하고 감흥하는 수치를 말로 설명하지 않아도 같이 느끼고 있다는 것이 신기했다. 그럴수록 여행 막바지에 이르러 여행의 묘미를 알아가는 아들의 모습에 엄마의 아쉬움은 더해만 갔다.

해가 진다.
은은하고 차분한 조명이 밤을 대비하기 시작했다.
도심에 흐르는 불빛이 색색으로 튀지 않고
태양빛 한 줌 머문 것같이 따스하다.
느닷없이 비가 내리기 시작했다.
비를 피해 콜로세움 기둥으로 달려드는 사람들.
기둥마다 서 있는 저들과 함께 선 우리를 보고 있자니
마치 오래전에도 있었던 일처럼 낯설지 않고 정겨웠다.

무엇을 보고 있었을까.
기억이 나지 않는다.
그들에게도 바라볼 하늘은 있었겠지.
그들이 바라보던 하늘은
답해 주었을까.

둘째 날 이른 아침, 테르미니 역으로 발걸음을 재촉했다. 모든 유적지가 그만의 사연을 간직하고 있지만, 한 걸음마다 이야기가 숨어 있을 듯한 로마 거리를 이해하기에는 가이드의 도움이 필요했다. 가이드 있는 여행은 처음이라 망설였지만 잘 짜인 안내 멘트를 들으며 다니는 것도 색다른 재미일 것 같았다.

가이드는 로마 유학을 왔다가 트레비 분수에서 가이드였던 지금의 남편을 만나게 되었고, 그 만남이 인연이 되어 남편을 따라 6년 남짓 가이드 생활을 하고 있단다. '로마인 이야기'를 토대로 고대 로마의 기원에서부터 현대 로마까지 로마의 태동, 부흥, 퇴보, 약진, 발전의 과정을 파노라마처럼 쉽게 풀어 설명해 주었다. 무엇보다 뒤따르는 엄마, 아빠는 안중에도 없이 가이드 옆에 꼭 붙어 종일 지치지도 않고 즐겁게 동참해 준 지원이가 대견하고 고마웠다. 로마와 관련된 책 다섯 권을 열 번은 반복해서인지 가이드의 설명에 맞장구 칠 수준이 되었던 모양이다. 가이드의 질문에 거침없이 대답하는가 하면 놀랍다는 주위 반응이 그날의 투어를 더욱 흥미롭게 이어가게 했으리라.

고대 로마의 살아 있는 역사 교과서라 불리는 포로 로마노. 로마의 발상지 팔라티노 언덕에서 내려다보면 그 광활한 역사가 목격된다. 약 천 년 동안 정치, 종교, 상업 등 시민에 필요한 모든 것들이 밀집되었던 로마제국의 중심지였으나, 테베레 강이 범람하여 흙 속에 완전히 묻혔다가 19세기에 비로소 발굴 작업이 시작되었다고 한다.
흩어진 돌덩어리와 무너진 신전 기둥, 기초석들의 쓸쓸한 붙박임. 아직 폭풍이 쓸고 간 듯 폐허의 모습으로 보이지만 복구된 손길임에 생각이 미치면, 다시 찾은 어느 날엔 퍼즐을 맞춰 놓은 듯 또 다른 포로 로마노를 만나리란 기대가 생긴다. 그때는 그 옛날 로마인이 쉬었음직한 그늘 아래, 혹은 문간에 앉아 바람결을 느껴 보는 여유 정도는 지니고 가야 예의일 것 같다.

빛의 메시지, 판테온

그림 그리기를 좋아하든 그렇지 않든, 한 번쯤 보았고 그려 보았을 흉상의 그 인물, 아그리파에 의해 건립된 판테온 신전을 찾았다. 판테온은 '모든 신들의 성전'이라는 뜻에 걸맞게 골격이 굵고 웅장했으며 장식 없이 남성적이었다. 입구의 청동문은 마치 신들을 영접하기 위한 것처럼 육중하고 거대했다. 그 거대한 문턱을 넘어설 때부터 천장 높이를 가늠하기 위해 하릴없이 올려다 보게 된다.

원형의 홀 중앙에 서자 한 줄기의 빛이 메시지를 담은 듯 우리를 조명해 주었다. 빛을 따라 순순히 시선을 맞추면 정확한 반구의 돔에 이르는데, 창이 없는 이 건물은 돔 정상에 뚫린 지름 9m의 구멍을 통해 들어오는 빛으로 채광을 대신하고 있다. 모든 것을 감싸려는 듯 완만하고 장대한 모습에 방문객을 모두 물리고 한가운데 앉아 보고 싶은 충동이 일었다. 그것은 아주 특별한 느낌이었는데 마치 알 속에 안식한 어린 생명이 된 기분이었다.

가이드에 따르면, 판테온의 출입문을 닫고 촛불을 밝히면 공기순환에 의해 내부의 더운 공기가 상승하면서 들이치는 비를 밖으로 밀어냈다고 한다. 흥미로운 사실은 로마인들이 설계 당시에 이 같은 현상을 예측하지 못하고 배수시설까지 갖춰 놓았다는 것이다. 우연한 현상이 전설처럼 전해 내려와 판테온의 성스러운 이미지를 한층 더해 주는 것 같았다. 더 놀라운 사실은 2천 년 전에 만들어진 건축물을 현대의 기술로 재현할 수 없다는 것이다. 그 이유는 높이 43.3m의 거대한 건축물 안에 기둥이 하나도 없거니와 어떤 철골 구조물도 발견되지 않았고, 반원형의 지붕과 아치의 원리를 이용해 5천 톤에 이르는 돔의 하중을 견뎌낼 수 있게 한 설계에 있다. 게다가 돔 중앙에 구멍을 내면 무게중심이 건물에 포함되어 있지 않기 때문에 불균형으로 돔이 붕괴될 수 있어 건축이 더욱 복잡하고 어려워진다고 한다.

이 모든 놀라움을 대변하듯 미켈란젤로는 '천사의 설계'라고 극찬하며 존경했다고 한다. 바티칸의 베드로 성당을 짓게 된 그는 "판테온보다 큰 돔을 만들 수는 있어도 그보다 아름답고 정확한 반구의 모양으로 만들 수 없다"고 못 박았다고 하니, 판테온의 과학적이고 예술적인 아름다움이 짐작되고도 남음이 있다. 문외한의 눈으로도 판테온의 모습은 가히 감탄스러웠다.

한 줄기의 빛이
메시지를 담은 듯 우리를 조명하면
그 성대한 모습에
압도당하게 된다.

그 소리, 함성이 들릴걸, 콜로세움

더없이 높은 파란 하늘이더니, 따스한 기운이 싹 사라지며 순식간에 검은 구름이 덮쳐 오고 있었다. 후두둑 비가 내렸다가 장막을 걷듯 개이기를 세 번. 5만 명의 관람객을 수용했다는 거대한 관람석에 5만 중 1인이 되어 무상한 로마의 날씨를 지켜보고 있자니 시간의 흐름이 새삼스러웠다.

오락극장, 스포츠 경기장 이상의 복잡한 의미를 지닌 콜로세움의 정식이름은 〈플라비우스 원형극장〉이다. 경기가 있을 때는 1층에 왕족이 자리 잡고, 2층은 귀족, 3층과 4층에는 평민이 들어갈 수 있었단다.

2천 년 전에 만들어진 콜로세움의 각 층에 수세식 화장실이 마련되어 있었으며, 내진 설계는 물론 78개의 출입문을 통해 수용인원 5만 명이 들어가거나 나오는 데 10분 정도밖에 걸리지 않았다니 그만 입이 딱 벌어졌다. 극적인 것에 열광하는 인간의 본성을 적나라하게 보여 주었을 잔인함의 함성이 들리는 듯했다. 맹수를 가둔 우리와 검투사들을 가둔 지하통로가 미로처럼 만들어진 것을 볼 수 있었다. 굶주림과 채찍질로 사나워진 맹수들, 겁에 질려 발버둥치는 검투사들, 그들을 몰아세우기 위해 더욱 혹독했을 조련사와 진행요원들. 저 미로 속에서 삶이란 무엇이었을지 상상조차도 불허한다.

군중심리에 묻혀 버린 이성을 제물로 삼켜 버린 콜로세움.
검투사의 삶과 죽음이 관중의 엄지손가락 하나에 갈린 냉혹했던 역사는, 클릭 한 번으로 뇌동되는 인터넷이라는 현대판 콜로세움과 닮아 있는 듯했다.

콜로세움 전에 카타콤베를 방문했었다. 촬영이 금지되어 있어서 가슴으로만 기억될 곳이지만, 어린 시절 질리도록 맡은 병원냄새가 잊히지 않고 뇌리에 각인된 것처럼, 폐부 깊숙이 새겨져 버린 충격은 쉽게 가실 것 같지 않다.

비록 우리가 발 닿은 곳은 시작점에 불과했지만 칠흑같이 어둡고 차가운 미로가 복잡해지고 깊어질수록, 그들이 지켜내고자 했던 절절함을 짐작할 수 있었다. 집회 장소였던 자리에서 촛불 하나만을 의지하고 나직이 울리는 가이드의 말에 귀 기울인다. 묘혈에는 아직도 인분이 묻어나고 있다는데, 애처롭고 소박하게 가로 눕힌 층층의 묘혈에서 시선을 거둘 수 없게 되자 현기증이 이는 듯했다. 그때 지원이가 유심히 물었다.

"엄마, 근데 왜 울어?"

엄마는 속으로 물었지. 왜 그 순간에 엄마의 얼굴을 살폈니? 지원이의 손이 엄마 손으로 살며시 들어왔다. 꼬옥 잡아 보았다. 깊은 호흡조차도 편치 않았고 미안했던 시간이 흐르고 있었다.

콜로세움과 카타콤베. 두 공간에서 벌어진 엄청난 행위와 의미들. 2천 년을 거슬러 올라가는 유적에서 '우리는 무엇으로 살아야 하나' 답하지도 못할 물음이 낭자한다. 두 장소를 연이어 방문하고 나니 감정의 무게로 꽤나 지치고 피곤했다.

소원을 말해 봐, 트레비 분수

오늘의 마지막 일정은 로마의 분수 가운데 가장 유명하다는 트레비 분수였다. 이 연못을 등지고 서서 동전을 던져 넣으면 다시 로마를 방문할 수 있고, 두 번째 동전을 넣으면 사랑하는 사람을 만나게 되고, 세 번째 동전을 던지면 이별하고 새로운 사람을 만난다는 속신이 있다고 한다.

가이드는 속신대로 이루어져 결혼까지 했다지. 그런데 세 번째 동전도 던졌다며 남편과 이별하면 어떡하죠? 하고 농을 친다. 듣고 있던 아빠는 예쁜 아기를 만날 거라고 덕담해 주었다. 이 속신이 흥미로웠는지 지원이는 마지막 날 다시 방문하고 싶어 했다. 그리고 속신과는 무관하게 같은 소원을 세 번이나 빌었다.

"훌륭한 축구 선수가 되게 해 주세요."

산타 마리아 인 코스메딘
Santa Maria in Cosmedin

로마 속의 작은 나라, 바티칸시국

State della citta del vaticano

EM PRINCIPIS APOS PAVLVS V BVRGHESIVS ROMANV

로마에 와 보니 지금까지 가지고 있던 개념들은
마치 어릴 적에 신던 신발 같다는 생각이 든다.
나를 내부로부터 개조하여
다시 태어나게 하는 작용이 계속되고 있다.
나 자신을 부정하지 않으면 안 될수록 더욱 즐겁다.

-괴테-

셋째 날은 세계에서 가장 작은 도시 국가이자 가톨릭 교황국인 바티칸시국 투어가 있는 날이다. 어른도 소화하기 힘든 로마 투어를 훌륭히 소화해낸 지원이였지만, 여행 막바지에 이르렀고 이른 아침에 숙소를 나서기란 쉽지 않았다. 잠에 취해 있는 지원이를 깨워 약속 장소에 도착하니 네가 만만하게 매달릴 상대 한 명 없더구나.

오늘 가이드는 약 1년 반 전에 우리처럼 로마에 여행을 왔다가 가이드라는 직업에 매료되어 자청해서 수련을 받고 가이드가 되었단다. 그들이 안내해야 할 연령대가 어린이부터 노인에까지 이르니 제 입담만 믿고 풀어내야 할 이야기가 얕다면 가이드를 하는 이도 듣는 이도 참 불편할 것이다. 듣는 이 누구나 고개를 끄덕이게 하는 힘은 회화나 유물에 대한 단순 기술에서 오는 것이 아니기 때문이다. 어제, 오늘 두 명의 가이드에게 공감하고 만족한 시간이 된 데에는 어떤 처지였든 먼 타국에 둥지를 틀 수 있는 용기와 언제나 타인으로의 녹록지 않은 삶을 살아가며 체득하게 되는 생존력에서 느껴지는 힘이 있기에 가능하지 않았을까 생각되었다.

바티칸 입장 시간이 한 시간이나 남았음에도 수많은 사람들이 운집해 있었다. 평상시에도 바티칸 성벽을 따라 수백 미터씩 줄을 선다고 하는데, 마침 유럽연합을 기념한 공휴일이어서 콜로세움을 비롯한 모든 유적지 입장이 무료였기 때문에 더욱더 인산인해를 이루고 있었다.

Jiwon's Note
바티칸 박물관 Musei Vaticani

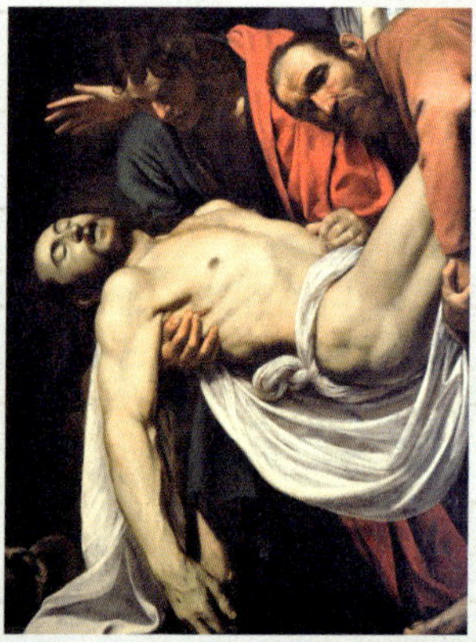

중세 시대 성서이야기 그림들을 보니, 하느님과 성인들이 많이 나오는 것 같다.
색이 밝으면서도 어두운 게 신기하다. 성서책도 보고 싶다.

우리의 경외심에 위로받으소서, 미켈란젤로

약간의 빵과 포도주를 들고 나면 일에 파묻혀 잠도 몇 시간밖에 자지 않았다. 볼로냐에서 율리우스 2세의 동상을 만들 때, 그와 세 사람의 조수를 위하여 마련된 침대는 하나뿐이었다. 이때 옷도 갈아입지 않고 장화를 신은 채 잤기 때문에 한때 다리가 부어 장화를 칼로 찢어야만 했다. 무리하게 장화를 빼면 다리의 살점까지 함께 묻어나올 지경이었다.
–로맹 롤랑–

미켈란젤로는 망치와 끌로 대리석을 조각하여 '물질 안에 속박되어 있는 개념'을 보여 주었다. 그는 조각 작업을 '불필요한 부분을 제거하는 과정'이라고 표현했다. 자연에서 얻어 온 대리석 덩어리를 응시하고 있는 미켈란젤로, 그는 돌 안에 가두어져 있는 위대한 형태를 보고 그것을 우리에게 보여주기 위해 작품 주위를 둘러싸고 있는 돌을 조금씩 뜯어낸 것이다. 항상 병치레를 하면서 '식사할 시간도 없이' 일에 몰두해 작업을 멈추지 않았다. 이런 고통의 삶 속에서도 그가 장수할 수 있었던 것은 예술에 대한 순수한 사랑과 초인적인 열정 때문이었다.
–소설가 원재훈–

시스티나 성당의 천장에 그려진 미켈란젤로의 '천지창조'를 올려다보던 괴테는 "자연조차도 이 거장만큼의 취향을 갖지 못할 것 같다."고 감탄했다. 자연이란 말이 품고 있는 불가사의한 완전성을 괴테가 모를 리 없건만 작품에서 받은 '창조'의 영감이 얼마나 감동적이었으면 몸소 천지를 창조한 시원적 창조주의 취향보다 이 거장의 취향을 더 우위에 놓고 싶었을까. 괴테는 미켈란젤로의 작품들을 만나면서 작품의 눈높이대로 자신이 고양되고 있음을 고백했다.
–미상–

시스티나 천장 벽화는 넓이가 183제곱미터나 되는 대작이었다. 하루는 그가 사다리 위에 올라가서 천장 구석에 인물 하나를 꼼꼼하게 그려 넣고 있었다. 한 친구가 그 모습을 보고 이렇게 물었다. "여보게, 그렇게 구석진 곳에 잘 보이지도 않는 걸 그려 넣으려 그 고생을 한단 말인가? 그렇게 열심히 그려 봤자 도대체 누가 알겠나?" 미켈란젤로가 대답했다. "내가 알지."
–미상–

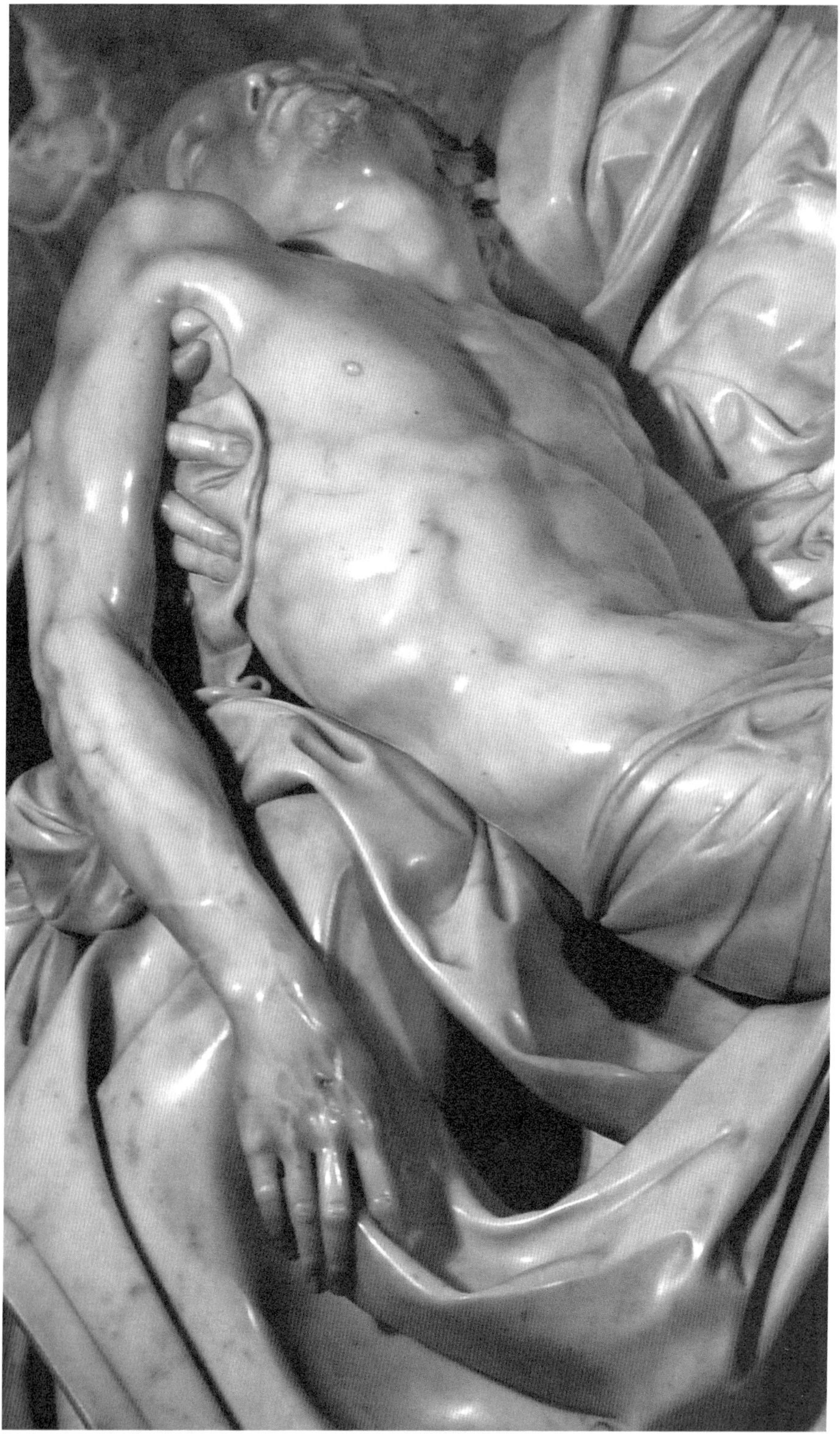

따뜻한 위로, 피에타

한때 청년 지질학자의 만행으로 12번씩이나 망치질을 당하는 수모를 겪은 이후, 유리관 속에 고이 보관되어 있어 가까이 볼 수가 없었다. 한 점 사진으로 담아 왔지만 멀리서도 느껴지는 숙연한 자태를 더욱 세세히 보고 싶어 사진집을 구입했다. 빛과 어둠만을 내포하려는 듯 흑백의 대비가 강한 사진들을 한 장 한 장 넘겨 보면서, 아무런 수식어도 찾을 수가 없었다. 그저 이렇게 읊조릴 뿐이다.

'신이여, 자비를 베푸소서.'

난 착하게 살아야겠고,
남을 돕고,
힘들 때 위로해 주는
사람이 돼야겠다.

It can be noticed by me.

스스로 고독에 머물러 예술 이외에는 사랑하지도 사랑받지도 못했던 그의 90년간 생은 고통과 슬픔 그리고 절망의 세월이었다고 한다. 작업으로 탈골되고 꼽추 형상으로 일생을 마감하기까지, 가이드가 들려주는 미켈란젤로의 짧은 일화들을 들으면서 눈시울이 붉어졌다. 작품보다 더 경이롭던 미켈란젤로의 '자기애'는 우리를 무기력하다 못해 존재감까지 부끄러워지게 했다. 그는 지금 우리의 경외심에 위로받고 있을까?

캄피돌리오 언덕
Piazza del Campidoglio

Jiwon's Note

바티칸 박물관 Musei Vaticani

미켈란젤로는 조각을 스케치북에다 한 번 그리지도 않고, "틀 안에 사람이 있다고 생각하며 뚫어져라 쳐다본 다음, 필요 없는 것만 떼어낸다."고 했다고 한다.

미켈란젤로는 자기 작품을 자기가 끝내야 자기 작품이라고 인정하는 스타일 같다. 그리고 도움이 필요 없이 잘해 나가는 것 같다. 이 작품 〈천지창조〉를 보고 괴테가 한 말은 "이 천장화를 보기 전에는 인간의 한계를 얘기하지 말라!"이다. 〈최후의 심판〉을 보고 나서 든 생각은 '난 착하게 살아야겠고, 남을 돕고 힘들 때 위로해 주는 사람이 돼야겠다!'이다.

나는 미켈란젤로를 왜 존경하냐면, 남이 욕을 해도 끝까지 신경 안 쓰고 신념을 지켜냈기 때문이다.

살아 있는 신화, 라오콘

트로이전쟁 때 그리스군의 목마를 트로이성 안으로 들이는 것을 반대했던 제사장 라오콘이, 해신 포세이돈이 보낸 두 마리의 뱀에 의해 두 아들과 함께 죽음을 당하는 순간을 표현한 조각이다.

극적 죽음을 맞이하는 격렬한 감정이 인체의 동세와 표정으로 모두 표출되고 있는데, 그 고통스럽고도 완벽한 아름다움에 세세한 부분까지 유심해져 코를 박고 보게 된다. 회한과 고통이 교차하는 일그러진 아버지를 보게 된 두 아들의 눈빛에서 구원의 바람은 사라지고 두려움과 체념이 엄습해 온다. 그 시선은 우리를 다시 조각의 중심 '라오콘'으로 이끄는데, 세 부자를 휘감은 뱀의 몸으로 인해 대단히 혼란스러운 상황의 연출임에도 불구하고 안정되고 조화로워 보였다.

[Jiwon's Note]

뱀에게 물린 다리가 진짜 아픈 것같이 부었고, 표정이 괴로워 보였다.
옛날에도 이런 조각을 한 사람이 있었다는 게 신기하다.

POSTE

우리 여행을 부쳐 줘요, 바티칸 우체국

유럽 내에서 가장 정확한 전달률을 자랑한다는 바티칸 우체국에서 엽서를 구입하여 우리에게 쓰는 편지를 부쳤다. 여행을 마치고, 여행에서의 추억이 그리워질 무렵 서울에서 받을 것을 기대하면서 말이다. 엄마, 아빠가 간단히 엽서를 쓰고 나서 지원이가 바통을 이어 받았다. 뭐 그리 비밀스러운 이야길 적으려는 것인지 손으로 가려 가며 무엇인가를 열심히 적어 내려가더구나.

그 편지는 정확히 일주일 뒤, 우리 집 우체통에서 찾을 수 있었다. 먼 길 날아온 편지를 받으니 비록 길지 않은 시간이 지났지만 우리가 아닌 그 누구로부터 받은 것처럼 반갑고 설렜단다.

바티칸 투어를 마치고 일행들과 헤어진 후 천사의 성으로 향했다. 그때부터 내딛는 발길은 아쉬움으로 무겁기만 했다. 내일이면 로마를 떠나야 한다. 빠르게 기울어져 가는 하루를 보며 다시 지도를 펼쳐 들고 걸어서 갈 만한 어디라도 찾고 싶었다.

나보나 광장이 가까워서 방향을 잡고 골목으로 들어섰는데, 생각지도 못한 멋진 길을 만났다. 조각 작업실, 조명 가게, 인테리어 가게 등 아담한 상점들은 이미 문을 닫기 시작했지만 은은한 조명으로 분위기를 한껏 채우고 있었다. 마지막 밤이라는 여운을 슬그머니 흘리고 다니기 좋은 길이었다.

나보나 광장을 가로질러 숙소로 오기까지 길지 않은 시간이었음에도 불구하고 여독이 밀려와서인지 지치기 시작했다. 침대에 쓰러지듯 누운 지원이는 바티칸에서 구입한 주화를 만지작거리다 어느새 잠이 들었다. 지원이가 자고 나면 엄마랑 와인이라도 한잔 하며 지난 보름여 간의 여행을 이야기해야지, 다짐했던 아빠의 기대와는 달리 엄마도 단잠에 빠져들었다.

[Jiwon's Note]

로마에서의 좋은 추억이 될 것 같고, 로마는 유적과 뛰어난 인물이 많은 것 같다. 특히 그중에서 미켈란젤로가 가장 멋졌다. 언제 다시 올지는 모르지만, 꼭 다시 올 것이다!

산탄젤로 다리
Ponte Sant'Angelo

천사의 성과 산탄젤로 다리
Castel di Sant'Angelo, Ponte Sant'Angelo

천사의 성

우리의 천사

잊지 말아야지 하면서도 자꾸 잊게 되는 것

'너만의 속도'로 걸어갈 수 있게 도와 주어야 하는데,
네 손을 잡고 재촉하게 될 때가 많구나.

시간은 지나가지만 그저 흐르지 않잖아.
오늘 밤, 이 길은 잊히겠지만
우리 가슴에 자국은 남을 거잖아.

ANTIQUARIATO

"작은 친절을 축복으로 되돌려 줄게요."

여전히 그림을 사랑하세요?

아빠 혼자 빼꼼히 창문을 열고
창가에 기대어 남은 맥주를 들이켰다.
몸은 피곤한데 정신은 맑다.
아니 잠을 자야 하는데 잠이 오지 않는다.
여행 중 찍은 사진 파일을 노트북을 통해 넘겨 보며
혼자서 아쉬움을 달래 본다.
그렇게 마지막 밤이 허무하게 지나가버렸다.

마지막 날 아침, 비행 전까지 로마 시내를 발길 가는 대로 걷기로 했다. 가는 길목에 우연히 들른 작은 파스타 집에서 먹은 피자가 뜻밖에도 정말 맛있었다. 언제나 기대한 것에는 욕심이 생겨 실망이 잦고, 기대 없이 실행한 일이 만족스러울 때는 뜻밖의 선물을 받은 것처럼 기쁘다. 가지가 듬뿍 올려진 피자 맛에 반해 엄마와 아빠는 "이탈리아 요리를 배워 식당을 해 볼까?" 하며 너스레를 떨었다. 맛있는 표정이 차고 넘쳤는지 주인 아가씨가 다가와 말을 걸어오고 다정하게 사진까지 찍게 되었다.

그러나 떠나는 아쉬움을 마냥 즐길 여유는 길지 않았다. 로마에서 파리로 향하는 비행기가 2시간 가까이 연착되는 바람에 파리에서 인천으로 가는 비행기 환승이 어려울지도 모를 상황에 처했다. 가까스로 비행기는 이륙했고, 파리에 내리자마자 드골 공항을 전력 질주하여 아슬아슬하게 인천행 비행기에 몸을 실었다.

만감이 교차하는 심정을 달래준 것은 로마에서 파리로 향하는 비행기 창밖으로 고고한 자태를 드러낸 알프스 산맥이었다. 구름바다인지 만년설인지, 굽이굽이 산맥 몇 만 리가 아득하기만 했던 그 장관을 그렇게 하염없이 바라보기만 했던 순간을 돌이켜 보니 값싼 욕심이라 해도 카메라에 담아 올 것을 너무 안타까웠다. 하지만 그 감동의 순간을 오래도록 기억할 수는 있을 것이다. 비밀스러울수록 좇고 싶은 것이 우리네 마음일 테니.

생생한 여운을 쌈짓돈처럼 쥐어 준, 어느 것 하나 서로 닮아 있지 않았던 도시들, 마른 잎처럼 윤기 없는 얼굴이었지만, 척박한 타국의 땅에 깊이 뿌리내리고 싶어하던 로마의 가이드들이 떠오른다. "이탈리아에는 친절함을 바라고 오는 게 아니다. 인생을 바라고 오는 것이다"라는 그 의미의 끝자락이 간당간당 느껴졌다.

짐을 풀고 여행 동안의 먼지를 씻어내면서 우리 셋이 함께한 유럽의 놀이터를 떠올려 본다. 세월이 흘러도 빛바래지 않고 오래도록 그리워할 수 있게 갈무리하는 행복한 시간이다.

생생한 여운을 쌈짓돈처럼 쥐어 준,
어느 것 하나 서로 닮아 있지 않았던 도시들.

박성현

미국 이민법 상법 자문 회사의 대표로 활동 중이며,
취미로 사진을 찍는다.

정보금

프리랜서 디자이너로 활동 중이며,
그림 그리기를 즐긴다.

박지원

서울 윤중초등학교 3학년에 재학 중이며,
축구를 무척 좋아한다.

세상의 놀이터

초판인쇄 2011년 11월 11일
초판발행 2011년 11월 11일

지은이 정보금·박지원
사 진 박성현
펴낸이 채종준
기 획 STOPBOOK
디자인 강빛나
교 정 한지은

펴낸곳 한국학술정보(주)
주 소 경기도 파주시 문발동 파주출판문화정보산업단지 513-5
전 화 031) 908-3181(대표)
팩 스 031) 908-3189
홈페이지 ebook.kstudy.com / www.stopbook.com
등 록 제일산-115호(2000.6.19)

ISBN 978-89-268-2675-1 13980 (Paper Book)
978-89-268-2676-8 18980 (e-book)

이담 Books 는 한국학술정보(주)의 지식실용서 브랜드입니다.